Anja Mannhard

Powerfrau Erzieherin: Du bist stark! Du bist gesund!

Wie Sie den täglichen Kraftkillern begegnen und neu durchstarten

Für Parthena, Irmtraud, Angela und Rosina, Moni, Mareike Kerz, Sybille Münnich, Katrin Gratz und Naser El Bardanoki, Irene Weber und Mama

Wir haben uns für die Schreibweise mit dem Sternchen entschieden, damit sich Frauen, Männer und alle Menschen, die sich anders bezeichnen, gleichermaßen angesprochen fühlen. Aus Gründen der besseren Lesbarkeit für die Schüler*innen verwenden wir in den Kopiervorlagen das generische Maskulinum.
In diesem Werk sind nach dem MarkenG geschützte Marken und sonstige Kennzeichen für eine bessere Lesbarkeit nicht besonders kenntlich gemacht. Es kann also aus dem Fehlen eines entsprechenden Hinweises nicht geschlossen werden, dass es sich um einen freien Warennamen handelt.

1. Auflage 2020

Covergestaltung: shutterstock: Bildnummer 585258575 von Doidam 10, www.shutterstock.com
shutterstock: Bildnummer 759050884 von Nowik, Sylwia, www.shutterstock.com
Illustrationen: shutterstock: Bildnummer 585258575 von Doidam 10, www.shutterstock.com
Satz: Fotosatz H. Buck, Kumhausen
Druck und Bindung: Korrekt Nyomdaipari Kft
ISBN 978-3-403-**08508**-9
www.auer-verlag.de

Inhaltsverzeichnis

Vorwort

Sitzen zwei Erzieherinnen an getrennten Tischen im Café und stellen nach kurzem Gespräch fest, dass sie beide den gleichen Beruf ausüben. Sagt die eine zur anderen: „Noch acht Jahre bis zur Rente, dann habe ich es endlich geschafft!" Sagt die andere zu ihr: „Na, ich bin schon seit einer Weile arbeitsunfähig krankgeschrieben und gehe in die Frührente!" Sagt die andere: „Haben Sie es gut!"

Ein Witz oder Realität? So oder so traurig! Diese Erzieherinnen stehen morgens auf und warten den ganzen Tag über auf den Feierabend. Sie sehen ihr Leben erst in der Rente als lebenswert an. Dabei findet das Leben in jedem Augenblick statt, auch bei der Arbeit. Eine Erzieherin kann entscheiden, ob sie ihre Arbeit als Opfer bringt oder sie so gestaltet und sich so einbringt, dass auch die Arbeitszeit und nicht nur die Freizeit wertvoll für sie ist. Die Kita-Arbeit kann mit echtem Engagement zu einem wichtigen, lebendigen und bereichernden Teil des Lebens werden und zum eigenen Wohlbefinden und persönlichen Wachstum beitragen. Es wird immer, wie in jedem Beruf, Anteile geben, die anstrengend und manchmal auch unerfreulich sind. Es wird immer einen Grund zum Klagen geben. *„Glück hat stets die Qualität des Trotzdem. […] Darum müssen wir den Umständen unser Glück regelmäßig abtrotzen. […] Wir brauchen also Strategien, mit deren Hilfe wir die Arbeit genießen können, obwohl wir manchmal viele Gründe hätten, uns frustriert und entmutigt zu fühlen. […] Arbeitsfreude ist Lebenskunst"* (Lemper-Pychlau, M. (2018): Jeder Job kann glücklich machen. Hol Dir die Freude an der Arbeit zurück. Heidelberg: Springer, S. IX).

Achtsamkeit im Beruf nützt dem täglichen Miteinander im Team, mit den Kindern und ihren Familien. Sie unterstützt eine Kultur der Freude und Wertschätzung wie des Respekts und der Zugehörigkeit. Aber nicht nur der*die andere wird besser angenommen, sondern auch man selbst. Mit Achtsamkeit können Konflikte und Stress reduziert werden, weil die Kommunikation konstruktiver verläuft. Erzieherinnen gewinnen durch Achtsamkeit eine bessere Selbstannahme. Sie gehen freundlicher mit sich um, auch wenn ihnen nicht alles gelingt. Damit schützen sie ihr Wohlbefinden und ihre Gesundheit. Auch der Umgang mit anderen wird milder. Anstrengende Kämpfe tragen wir dort aus, wo wir andere verändern wollen: „Wenn nur meine Chefin nicht wäre!" – „Diese Mutter mit ihren unrealistischen Vorstellungen!" – „Meine Kollegin ist so was von faul!" Wenn Erzieherinnen andere formen wollen, wie sie ihren Vorstellungen nach sein müssten, kämpfen sie gegen die Realität an und kommen von sich selbst immer weiter weg. Mit Selbstannahme und Annahme des*der anderen sind beide gleich viel wert. Auf dieser Ebene gelingt für alle Wachstum und Entwicklung. Irmtraud Tarr sieht den Begriff der Achtsamkeit allerdings kritisch, wenn er missbraucht wird: *„Ich wehre mich dagegen, dass man einen Begriff derart überstrapaziert und undifferenziert für alles einsetzt. In manchen Chefetagen wird Achtsamkeit dafür benutzt, um in der Mittagspause Yoga zu machen und abends jemanden in die Pfanne zu hauen. Manchmal fällt auf, dass Achtsamkeit von Menschen verschrieben wird, die selbst unter großem Stress leben. […] Deshalb favorisiere ich die Resonanz, weil sie für mich umgreifender ist. Resonanz ist nicht machbar, sondern sie entsteht zwischen zwei eigengesetzlichen Körpern, die einander in Schwingung bringen, ohne sich zu nötigen."* (Tarr, I. (2019a): Interview mit Irmtraud Tarr. In: Mannhard, A. (2019a): Führen im Sandwich. Berlin: Cornelsen, S. 113–114).

Wir alle verfügen über eine innere Landkarte, die uns Orientierung zu unseren Erfahrungen und Kompetenzen gibt. Sie besteht mit zunehmendem Alter aus einem großen Teil bekanntem Terrain, einem etwas kleineren Teil unbekanntem Terrain und – nach Grad unserer Selbstreflexion – einer bestimmten Anzahl blinder Flecken. Die unbekannten Gebiete möchten wir entweder noch erschließen oder wir lassen sie, wie sie sind. Hier sind wir frei in unserer Entscheidung, ob wir sie für unsere Weiterentwicklung nutzbar machen möchten, und ob wir Motivation, Engagement und Leistung dafür einsetzen wollen. Die blinden Flecken stoßen uns an unsere Grenzen, und wir lassen ohne Aufdeckung oftmals echte Potenziale in uns links liegen. Manchmal bringen uns Veränderungen im Arbeitsalltag an diese Grenzen, sodass wir uns in unbekanntes Terrain begeben müssen, um mit ihnen Schritt zu halten.

Erzieherinnen können solche Grenzen wahrnehmen, wenn sie sich bei resignierenden und selbst beschränkenden Aussagen ertappen, zum Beispiel: „Das haben wir doch alles schon probiert, aber was soll das bringen, bei der Kita-Leitung und bei dem Träger?" Oder: „Ich habe schon so viel Arbeit, wo soll ich die Zeit für dieses neue Projekt hernehmen?"

Es lohnt sich für das eigene Wohlbefinden und die Gesundheit, wenn Sie sich fragen, welche Auswirkungen es hat und was Sie sich vielleicht selbst nehmen, wenn Sie immer nur um die Grenze Ihrer blinden Flecken herumgehen und ihnen ausweichen. Stattdessen könnten Sie sie durchschreiten und neugierig erforschen, was in dieser verborgenen Landschaft brach liegt und zu neuem Leben erweckt werden will. Bei dieser Reise durch die innere Landschaft und dem Entdecken (neuer) persönlicher Potenziale will dieses Buch begleiten. Es zeigt auf verschiedenen Ebenen Ansätze auf, mit bewusster Wahrnehmung, Achtsamkeit, Selbstreflexion und praktischen Übungen einem Burn-out vorzubeugen und Kraft, Souveränität, Selbstwirksamkeit und Gelassenheit im Berufsalltag zu gewinnen.

Das (mentale) Gesundheitsmanagement

Ich bin mit Begabung und Talent gesegnet und kann es kaum erwarten, der Welt das zu zeigen.

Zari, 11 Jahre (in Parker, K.T. (2018): Wilde Mädchen. Am schönsten sind wir, wenn wir niemandem gefallen wollen. München: mvg Verlag, S. 27)

Sicher wünscht sich jede Erzieherin, so lange wie möglich gesund zu bleiben und sich in ihrer Tätigkeit mental und körperlich wohlzufühlen. Mit einer guten Gesundheit kann sie ihre beruflichen Pläne und Ziele besser verfolgen. Wenn sie von ihrer Gesundheit als positive Erwartung denkt, fördert sie ihr Wohlbefinden. Ein chinesisches Sprichwort sagt: „Wenn du denkst, es ist eine Last, dann ist es eine Last. Wenn du denkst, es ist eine Lust, dann ist es eine Lust."

„Mit der Gesundheit verhält es sich ähnlich wie mit der Zeit. Ihren Wert erkennen wir erst, wenn sie knapp ist oder wird. Gesundheit nehmen wir meist nicht wahr, wir nehmen sie als selbstverständlich an und schätzen sie dann, wenn wir sie verloren haben. […] Daher kann es aufschlussreich sein, wenn [wir] einmal in gesundem Zustand die folgenden Fragen beantworten:

- *Wie fühlt sich für mich Gesundheit an?*
- *Was bedeutet Gesundheit für mich?*
- *Wofür lohnt es sich, gesund zu bleiben oder zu werden?*
- *Was ist Krankheit?*
- *Wie stark beeinflussen die Gene, wie stark der Lebensstil unsere Gesundheit?*
- *Was ist Stress?*
- *Was bedeutet Stress für den Körper?"* (Schmidt, K. (2017): Spurwechsel. Die neue Lust am Älterwerden. München: Gräfe Unzer, S. 48–54)

Während bislang vor allem die Gesundheit von Kindern in Kitas im Mittelpunkt stand, werden aufgrund hoher Fehlzeiten und einer verstärkten Personalfluktuation zwischenzeitlich Beobachtungen angestellt, was die Arbeitsfähigkeit von Erwachsenen am Arbeitsplatz Kita beeinträchtigt. Maßgebliche Faktoren der Beeinträchtigung sind etwa der hohe Lärmpegel, die stetig wachsenden Anforderungen, an manchen Orten ungünstige Rahmenbedingungen für die Tätigkeit, die Ansteckungsgefahr durch kranke Kinder, fehlende Anerkennung im Beruf und ein ungünstiges Führungsverhalten. Kita-Leiterinnen scheinen häufiger als pädagogische Fachkräfte im Gruppendienst von Überlastung und negativen Folgen für das Wohlbefinden betroffen zu sein. Hier kommt an manchen Orten zusammen, dass sie einerseits (zu) viel Verantwortung tragen und andererseits keine ausreichende Unterstützung erhalten, um gemäß ihren Ressourcen und Fähigkeiten gut arbeiten zu können.

Die folgenden Faktoren können die Motivation, das Wohlbefinden und die Arbeitsfähigkeit am Arbeitsplatz Kita mindern:

- Unangenehme Umgebungseinflüsse wie Lärm oder schlechte Ausstattung der Räume
- Gesundheitsbeeinträchtigung aufgrund höherer Infektionsgefahr durch kranke Kinder in der Kita
- Organisatorisch höhere Anforderungen, zum Beispiel durch offenes Konzept
- Zu wenig Zeit für qualitativ gute Arbeit mit den Kindern
- Zu wenig Leitungsfreistellung
- Personalmangel und Überstunden des anwesenden Personals
- Ungünstige Fachkraft-Kind-Relation (Personalschlüssel)
- Schlechte Bezahlung

- Fehlende Anerkennungskultur
- Demotivierendes Führungsverhalten von Vorgesetzten
- Teamkonflikte oder Konflikte mit Eltern und Kindern

Nicht jede Belastung am Arbeitsplatz wird von jeder Erzieherin als unangenehm oder negativ beeinträchtigend erlebt. Hier spielen die individuellen Voraussetzungen, Erlebniswerte und Ressourcen eine wichtige Rolle. Eine stärkere Beanspruchung wird zum einen individuell unterschiedlich erlebt, interpretiert und bewertet, und stößt zum anderen auf die individuellen Möglichkeiten eines Menschen, sie zeitweise oder dauerhaft auszugleichen und zu kompensieren.

Belastungen können sich zeigen

- im Inhalt der Aufgaben
- im beruflichen Umfeld (Team, Eltern, Kinder, Träger)
- in Strukturen und der Organisation der Arbeit
- in den Arbeitsbeziehungen
- im Führungsstil (Leitung, Trägervertreter)

Die individuellen Voraussetzungen, Erlebniswerte und Ressourcen können sein:

- Eigene Erfahrungen
- Wissen, Kenntnisse und Qualifikationen
- Eigene Gesundheit und Wohlbefinden
- Selbstvertrauen und Selbstwirksamkeit
- Eigene Sicht- und Denkweisen (mentale Haltung)
- Intrinsische Motivation

Die gleiche Belastung führt bei verschiedenen Erzieherinnen zu einer unterschiedlichen Beanspruchung, je nachdem, über welche Einstellungen und Ressourcen die jeweilige Person verfügt, um mit ihr umzugehen.

Praxisbeispiel

Frau Müller und Frau Meyer arbeiten in einer Gruppe, die von weiteren Fachkräften begleitet wird, mit derzeit drei neuen Kindern zur Eingewöhnung. Während Frau Müller nach der Arbeit zu Hause den lernschwachen Sohn bei den Hausaufgaben unterstützt und die Tochter zwei Mal pro Woche zur Logopädie fährt, genießt Frau Meyer nach Feierabend den Austausch mit ihren Freundinnen beim regelmäßigen Lauftraining. Frau Meyer baut den Stress der Arbeit körperlich ab und erlebt den Austausch als gegenseitiges Geben und Nehmen. Frau Müller nimmt den Stress mit und führt im Sitzen bei den Hausaufgaben und beim Autofahren weitere anspruchsvolle Aufgaben durch. Hinzu kommt, dass sie seit einer Weile von ihrem Partner getrennt lebt, der sie mit den Kindern kaum unterstützt. Sie macht sich Sorgen, wie sie nach einer Scheidung mit ihrem Gehalt als Erzieherin auskommen wird. Frau Meyer kennt solche Belastungen nicht, sie führt eine kinderlose Fernbeziehung und genießt die Wochenenden mit ihrem Partner sowie unter der Woche die Treffen mit ihren Freundinnen. Während Frau Müller zwischenzeitlich Fehlbelastungen im Sitzen und beim Tragen kleinerer Kinder spürt, die sich als starke Rückenschmerzen und Verspannungen äußern, erlebt Frau Meyer diese körperlichen Veränderungen nicht. Wohingegen Frau Müller bei der Arbeit zunehmend gereizt und gestresst reagiert, nimmt Frau Meyer die Eingewöhnungen, die Erfordernis an die ein oder andere spontane Änderung im Tagesablauf und den verstärkten Lärmpegel in der Gruppe eher gelassen hin.

Gesundheit und Wohlbefinden

Ich hatte noch nie Feuerwehrfrauen gesehen. Jetzt weiß ich, dass ich eine werden kann.

Maddie, 7 Jahre (in Parker 2018, S. 183)

Eine psychische Fehlbelastung kann sich im Beruf der Erzieherin durch ein Ungleichgewicht in den Anforderungen und der dafür aufgebrachten Entlohnung und Anerkennung ergeben. Viele Erzieherinnen fühlen sich für ihr Engagement nicht ausreichend gut bezahlt, obwohl die Anforderungen ständig steigen, und sie schätzen die dahingehenden Möglichkeiten einer Verbesserung oder stattdessen zumindest qualitative Aufstiegschancen als gering ein. Es braucht eine andere Ausrichtung als rein auf das Gehalt, damit sie längerfristig gut motiviert und belastbar arbeiten können. Wenn dann noch eigene hinderliche Einstellungen zur Rolle und Aufgabenerfüllung hinzukommen, leidet die mentale Kraft und Selbstwirksamkeit.

Besteht ein Ungleichgewicht zwischen den eigenen Anstrengungen, den Beruf gut auszuüben, und der Entlohnung bzw. einem entsprechenden Status wie der gesellschaftlichen Anerkennung, können andere Faktoren ausgleichend wirken. Diese sind zum Beispiel eine gelingende Anerkennungskultur innerhalb der Kita und auf Leitungs- und Trägerebene sowie die intrinsische Motivation der Erzieherin, die im Erleben der Gemeinschaft ihren persönlichen Sinn in der Arbeit finden und leben kann (vgl. Mannhard, A. (2020a): Von einer gelingenden Anerkennungskultur. In: Welt des Kindes. Freiburg: Lambertus). Leitung und Team können neben einer gelingenden Anerkennungskultur die Arbeit so gestalten und organisieren, dass jede Erzieherin ihre persönlichen Stärken einbringen und selbstbestimmt in ihrem Bereich tätig sein kann. Ein eigener Handlungsspielraum und Entscheidungskompetenzen im jeweiligen Bereich unterstützen die intrinsische Motivation und erhöhen die Zufriedenheit am Arbeitsplatz (vgl. Mannhard, A. (2020b): Rückenwind zulassen. Von Motivationskillern und Motivationsquellen. In: klein & groß, Ausgabe 7/2020. München: Cornelsen, S. 52-55).
Bei der Gestaltung der Arbeitsbeziehungen sind regelmäßige gesteuerte und effektive Besprechungen, ein gutes und faires Miteinander sowie fachliche, zeitnahe und lösungsorientierte Unterstützung bei Konflikten wichtig. Ungeklärte Konflikte, mit Eltern oder Kindern, insbesondere aber im Team und damit im gemeinsamen Kern der Kita, wirken sich besonders schädigend auf das Wohlbefinden jeder Erzieherin am Arbeitsplatz aus. Der Führungsstil der Leitung sollte sich situativ ausrichten, sodass sie den einzelnen Menschen mit seinen Fähigkeiten und Talenten und wie er zum gemeinsamen Sinn in der Aufgabenerfüllung beitragen kann, erkennt und fördert. Otto Zsok spricht im Interview mit der Autorin, betreffend die Führungsqualität der Leitung, vom „Sinn des Wir" (vgl. Mannhard, A. (2019a): Führen im Sandwich. Berlin: Cornelsen).

Weitere Faktoren, die dem Auftreten von gesundheitlichen oder psychischen Beschwerden und einer chronischen Unzufriedenheit am Arbeitsplatz Kita entgegenwirken, sind:

- Ein pädagogisches Konzept, Profil und / oder Leitbild als Ressource, mit dem sich die Erzieherinnen in positiver Weise identifizieren
- Krankheitsvertretung oder Kompensation von Personalausfällen durch (externe) Springerkräfte, sodass das vorhandene Personal keine (oder nur in geringem Maß) Überstunden aufbauen muss
- Multifunktionelle und interdisziplinäre Teams
- Kreativität und Innovationsfähigkeit als pädagogische Ressourcen
- Qualifizierungsmaßnahmen und Supervision

- Einflussnahme und Selbstverwaltung eines Budgets für Anschaffungen für die Kita ohne große bürokratische Hürden
- Bessere Bezahlung oder Gratifikationen bei besonderen Leistungen
- Mehr Einflussnahme auf das eigene Zeitmanagement und weniger Fremdbestimmung
- Sicherheit des Arbeitsverhältnisses durch unbefristete Verträge
- Berufliches Gesundheitsmanagement und unterstützende Maßnahmen des Trägers
- Regelmäßige Gefährdungsbeurteilungen in der Kita

Diese Faktoren sind einerseits Forderungen an die Trägerebene, andererseits ergeben sich bereits hier Möglichkeiten, wie Erzieherinnen diesen aktiv durch den Auf- und Ausbau eigener Kraft- und Schutzfaktoren Nachdruck verleihen können. Neben den körperlichen Faktoren der Gesunderhaltung, deren Umsetzung nur jede einzelne Erzieherin selbst anpacken kann, geht es um das Erkennen und Nutzen der eigenen Fähigkeiten und Kompetenzen.

Auf einen Blick

Die Autoren Treier & Uhle benennen in ihrem „Gleichungssystem Gesundheit" Treiber, Indikatoren und Ergebnisse. Zu den Treibern zählen die Arbeitsbedingungen, die Aufgabeninhalte und der Entscheidungsspielraum, die Qualität der Arbeitsbeziehungen, die Führungsqualität, das Leitbild und die Flexibilität der Arbeitszeiten. Zu den Indikatoren zählen die Selbstwirksamkeit, der Gesundheitszustand und die Arbeitsfähigkeit, das Gesundheitsverhalten und die Einstellungen, die Arbeitszufriedenheit und die Bereitschaft zur Zusammenarbeit, das psychosoziale Wohlbefinden und die Erholungsfähigkeit bzw. Work-Life-Balance. Zu den Ergebnissen zählen die Fehlzeiten und Ausfallkosten, die Produktivität und Leistungsbereitschaft, die Arbeitsqualität und Freundlichkeit, die innere Kündigung und Demotivation, die Fluktuation sowie die Krankheitsverschleppung (vgl. Treier, M. & Uhle, T. (2016): Einmaleins des betrieblichen Gesundheitsmanagements. Eine Kurzreise in acht Etappen zur gesunden Organisation. Wiesbaden: Springer Fachmedien, S. 33). Ein Portfolio an Maßnahmen im Bereich des beruflichen Gesundheitsmanagements sehen die Autoren in der Gefährdungsbeurteilung und in der Gesundheitskultur am Arbeitsplatz, aber ebenso in Informationen zur Gesunderhaltung und in der Eigenverantwortung eines jeden Menschen (vgl. ebd., S. 28).

50 plus – Die Erfahrung zählt!

Auch für ältere Erzieherinnen stehen die Chancen auf dem Arbeitsmarkt gut, denn sie werden gebraucht. Teams profitieren von ihrer Berufserfahrung und ihrem Fachwissen ebenso wie von ihrer Gelassenheit, die sie sich durch viele Aufs und Abs im Berufsleben erworben haben. Wenn ältere Erzieherinnen nicht resigniert haben und auch nicht auf ihren Methoden beharren, sind sie eine echte Bereicherung für ein Team sowie für Kinder und Eltern. Wenn sich Jung und Alt dem lebenslangen Lernen widmen, kann niemand auf ihr Können und auf ihre Erfahrung verzichten. Gemeinsame Fort- und Weiterbildungen können gleichermaßen das Team bilden und die Teamentwicklung fördern. Ältere Erzieherinnen können mit jahrelang entwickelten Netzwerken und deren gegenseitiger Unterstützung und Förderung gegenüber jüngeren punkten und sie an ihren Erfahrungen teilhaben lassen. Sie altern heutzutage gesünder als früher, sind länger leistungsfähig und motiviert im Beruf. Die meisten Kitas sind intergenerativ ausgerichtet, da sich alle Generationen um die Kinder kümmern oder zumindest an Festen teilhaben, und es ist schön, wenn Kinder Bezugspersonen unterschiedlichen Alters täglich in der Einrichtung erleben dürfen. Manche Kinder haben keine Großeltern (vor Ort) und erleben das Zusammensein mit einer älteren Erzieherin dann als besonders wertvoll. Die Erzieherin wird sozusagen zum Oma-Ersatz und kann das Kind prägen.

Neun gute Gründe für 50 plus in der Kita:

1. Die Lebens- und Berufserfahrung bereichern die Kita
2. Wer erfahren ist, ist sicher, und kann sein Wissen weitergeben und andere anleiten
3. Routine im positiven Sinn: Gelassenheit und Ruhe in herausfordernden Situationen
4. Gute Kommunikationskompetenzen und Erfahrung in der Konfliktbewältigung
5. Zuverlässigkeit bei der Aufgabenerfüllung und Ausübung der Berufsrolle
6. Eigene Grenzen im positiven Sinn kennen
7. Durch Erfahrung Risiken sicher einschätzen
8. Großzügigkeit gegenüber jüngeren Kolleginnen mit Kindern bei der Urlaubsplanung
9. Bei einer guten Mischung von Alt und Jung: Gleichgewicht zwischen Reflexion, Innehalten und Geschwindigkeit

Gesundheitssignale verstehen

Meine Freunde sagen, ich sei verrückt.
Aber ich bin nur ich.

Ella, 10 Jahre (in Parker 2018, S. 184)

Jede Erzieherin ist schon einmal einem Signal ihrer Psyche im Berufsalltag begegnet. Vielleicht hatten Sie einmal diffuse Ängste, die sich nachts in Ihren Träumen zeigten und bei Tag Bauchweh verursachten. Bei genauerem Hinsehen stellte sich zum Beispiel ein ungeklärter Konflikt mit einer Kollegin als schwerer Stein im Magen heraus. Solche Signale fordern auf, das Arbeitsleben genauer anzusehen, bestimmte Verläufe zu korrigieren und unsere Einstellung zu den Dingen und Menschen, wenn nötig, zu verändern – auch zu uns selbst. Hierbei geht es gar nicht so sehr um ausgereiftes medizinisches Fachwissen, sondern um die erspürende Wahrnehmung, mit der wir uns selbst auf die Spur kommen und krank machende Umstände abstellen, damit wir in unserer Arbeit gesund und positiv gestimmt bleiben.

Praxistipp

1. Wen ein psychisches Signal in seiner Aufgabenerfüllung einschränkt, der kann sich fragen: Was konkret könnte der Auslöser sein, was hat mich besonders gestresst oder belastet? Was möchte mir das Signal zeigen und bewusst machen? Hilft es mir etwa dabei, etwas zu verändern, bevor ich dauerhaft oder richtig krank werde?
Wahrscheinlich werden nur wenige Menschen widersprechen, dass Körper und Psyche bzw. Seele eine Einheit sind oder sich zumindest wechselseitig beeinflussen. Wir haben Rückenschmerzen und fühlen uns angespannt und verstimmt. Wir stehen unter starkem Leistungsdruck und bekommen Kopfschmerzen. Das eine hat Auswirkungen auf das andere. Wenn Erzieherinnen die Signale ihrer Psyche oder Seele wahrnehmen und einordnen, können sie Strategien entwickeln, die sie für ihr Arbeitsleben positiv nutzen können.
2. Es ist wichtig, *immer* eine ärztliche Abklärung aller Symptome vornehmen zu lassen, denn vielleicht gibt es eine organische Ursache, aber wenn dort der Zusammenhang zum seelischen Erleben hergestellt wird, ist dies der Aufruf, unseren Arbeitsalltag genauer zu betrachten. Wir können krank machende Umstände abbauen oder die Einstellung zu zeitweisen Belastungen, die wir nicht oder nur wenig beeinflussen können, ändern. Jedenfalls fühlen wir uns nicht mehr ohnmächtig ausgeliefert, wenn wir ein Verständnis für die Signale entwickeln. Manchmal ist dabei eine therapeutische Begleitung wichtig und sinnvoll.

Der Arzt Christoph Glumm unterteilt vier Gruppen von Signalen:

- Krankheiten und Krankheitssymptome
- Innere Erschöpfung
- Ängste
- Träume (vgl. Glumm, C. (2012): Signale der Seele verstehen. Wesel: Kawohl, S. 33)

Krankheiten und Krankheitssymptome

Zu Krankheiten und Krankheitssymptomen nennt Glumm den Schmerz als Beispiel. Im Kita-Alltag kommt es immer wieder vor, dass Erzieherinnen zu schwer heben oder einen Gegenstand falsch anpacken. Durch die Verspannung der Muskeln und die Fehlbelastung bekommen sie Rückenschmerzen. Der Schmerz hat hier zugleich eine warnende wie auch eine erzieherische Funktion. Die Erzieherin lernt, sich bei schweren Gegenständen eine Tragehilfe zu nehmen und aus der richtigen Körperhaltung heraus anzupacken. Ein anderes Beispiel ist die klassische Erkältung. Rhinoviren sind immer und überall vorhanden, sie müssen auf ein geschwächtes Immunsystem treffen, damit ein Mensch erkrankt. Hier hat eine Erzieherin vielleicht von etwas „die Nase voll" oder sie will nichts mehr hören und „macht zu" (vgl. ebd., S. 40).

Praxisbeispiel

Frau Meister leidet regelmäßig unter einer Mandelentzündung, die sie nur schwer schlucken und eingeschränkt sprechen lässt. Sie hat Halsschmerzen, ihre Arbeits- und Lebensqualität leidet. Da sie in einem Jahr bereits das dritte Mal aufgrund der Symptome krankgeschrieben wird, bespricht sie mit einer Freundin, ob die Krankheit einen Sinn haben könnte, und was ihr die Signale sagen wollen. Sie stellt fest, dass sie seit längerem mit der neuen Kita-Leitung nicht gut kann, denn diese führt im Vergleich zur vorherigen recht direktiv, im Anweisungsstil und „halst" Frau Meister auch immer wieder unliebsame Aufgaben auf. Will diese widersprechen, wird ihre Kritik recht brüsk zurückgewiesen. Frau Meister sagt zu ihrer Freundin: „Wenn ich die schon sehe, kriege ich so 'nen Hals!" Sie will nicht mehr alles „schlucken", was die neue Leitung ihr vorsetzt. Insofern kann Frau Meister ihre Symptome als Signale verstehen und einordnen. Sie will sich nicht mehr übergehen lassen, sie möchte sich nichts gegen ihren Willen einverleiben, was ihr nicht guttut, und sie möchte sich gegen die destruktiven Verhaltensweisen ihrer Chefin verschließen (und damit schützen). Sie spürt, dass es an der Zeit ist, mit der Leitung ein Kritikgespräch zu führen, am besten im Beisein des Trägers, da bisherige Versuche „abgebügelt" wurden.

Innere Erschöpfung

Bei der inneren Erschöpfung geht es um Störungen der Befindlichkeit, die eine Erzieherin darauf aufmerksam machen können, dass bestimmte Umstände ihrer Arbeit oder gewisse Verhaltensweisen von ihr selbst oder von anderen sich ungünstig auf ihr Wohlbefinden auswirken. Erkennt sie die Signale früh, kann sie aktiv der Entwicklung eines Burn-outs entgegenwirken. *„Je früher wir ihre Botschaften entschlüsseln, desto größer sind die Erfolgschancen in dieser Krisensituation. In den frühen Phasen der inneren Erschöpfung sind wir noch in der Lage, selbstständig zu handeln. Wir können unser Denken und die Einstellung zu den Dingen ändern und aus eigener Kraft Strukturen im Alltag umgestalten"* (ebd., S. 52).

Praxisbeispiel

Frau Walter kämpft seit einer Weile mit Schlafstörungen und einer diffusen Müdigkeit. Sie stellt fest, dass sie nicht nur am Montag den Montagsblues hat, sondern nahezu an allen Tagen der Woche. Morgens kommt sie schwer aus dem Bett und fühlt sich antriebslos. In der Kita fühlt sie sich durch jede Kleinigkeit belastet, die ihr früher nichts ausgemacht hätte. Die Freude beim Zusammensein mit den Kindern ist ihr irgendwie abhandengekommen, und es fällt ihr schwer, ihnen gut zuzuhören und auf sie einzugehen. Sie wirke abwesend und unkonzentriert, sagt ihr eine Kollegin, und fragt, wo Frau Walter mit ihren Gedanken sei. Das weiß diese selbst nicht so genau, sie hat den Eindruck, ihr Denken dreht sich im Kreis und zieht sie herunter.

Manche Erzieherinnen sind Expertinnen im Grübeln. So geraten sie zum Beispiel schon durch eine unachtsame Bemerkung aus ihrem inneren Gleichgewicht und in Selbstzweifel. Grübeln ist ein Nachdenken, das ins Leere geht. Die Gedanken drehen sich im Kreis, Lösungen lassen sich schwer finden. Grübeln hat den Charakter von Unentschlossenheit und „Aufschieberitis". Die damit verbundenen Gefühle können von Frustration, Ängsten und Sorgen bis zur mentalen Erschöpfung und Depression reichen.
Wann denken Erzieherinnen zu viel? Immer dann, wenn ihre Gedanken negativ sind und ihnen schlechte Gefühle machen. Sie bewerten vieles negativ und kommen davon nicht mehr los.

Praxisübung

Selbsttest: Denke ich zu viel, mein Arbeitsleben betreffend?
(Kreuzen Sie an, wenn Aussagen auf Sie zutreffen.)

- ☐ Ich denke oft länger über Situationen oder Äußerungen im stillen Kämmerchen nach, ohne mit den Beteiligten dazu ins Gespräch zu gehen.
- ☐ Bemerkungen anderer irritieren und verunsichern mich öfter.
- ☐ Ich erlebe häufiger unangenehme Gefühle und denke über sie nach.
- ☐ Ich bewerte Erfahrungen häufiger negativ und / oder erwarte negative Entwicklungen in der Zukunft.
- ☐ Ich habe Selbstzweifel und denke mehr über meine Schwächen als über meine Stärken nach.
- ☐ Ich fühle mich öfter mutlos, unsicher und kraftlos.
- ☐ Ich bewege mich in meinen Gedanken häufiger in der Vergangenheit und denke darüber nach, was hätte anders verlaufen sollen.

(vgl. Mannhard, A. (2019f): Ein Problem ist (k)ein Problem? Vom unproduktiven Grübeln zum lösungsorientierten Handeln. In: ZHB KiTa / Kindheit & Vielfalt. Regensburg: Walhalla, S. 3–4).

Hinweis: Je mehr Kreuze Sie gesetzt haben, umso mehr denken Sie unnötigerweise und unproduktiv im Sinne einer fehlenden Lösungsorientierung.

Praxistipp

Grübeleien beenden Erzieherinnen vor allem mit der Einsicht, dass sie nichts bringen! Stattdessen sollten Sie ihre Gedanken aktiv umlenken und sich Zeitfenster für produktives Nachdenken schaffen. Dabei gehen Sie in den folgenden Schritten vor:

- Die (negativen) Gefühle annehmen und akzeptieren
- Ein unterstützendes Umfeld auswählen (Kollegen, Familie, Freunde, Beratung)
- Das Problem konkret eingrenzen, über das man produktiv nachdenken will
- Zuversicht pflegen, das Problem zu lösen
- Aktive Selbststeuerung zum Lösen des Problems übernehmen
- Konkrete und realistische Zielsetzungen verfolgen
- Proaktiv agieren
- Entwicklungen geschehen lassen und Geduld haben

(vgl. ebd., S. 7–9).

Auch wenn phasenweise bestimmte Arbeitsumstände eine stärkere Belastung auslösen, sind Erzieherinnen den Umständen nicht ausgeliefert. Sie tragen mit ihrer Persönlichkeit, mit ihrem Verhalten und mit ihrer Haltung dazu bei, wie sie damit umgehen. Allerdings sind dem Grenzen gesetzt, und zwar dann, wenn die strukturellen Bedingungen der Arbeit ungünstig und dauerhaft nicht positiv beeinflussbar und veränderbar sind, oder wenn zum Beispiel Mobbing am Arbeitsplatz vorliegt. In solchen Fällen tun Erzieherinnen gut daran, sich eine bessere Stelle zu suchen, denn schlechte Rahmenbedingungen, die nicht veränderbar sind, machen auf Dauer krank, oder sie schaden zumindest dem Wohlbefinden. Möchte eine Erzieherin aber unabhängig von der Organisation ihren Anteil in Augenschein nehmen, sind die folgenden drei Bereiche zentral:

- Das Selbstbild (Wie sehe ich mich und mein Arbeitsleben?)
- Die eigenen Ansprüche (Wie sehe ich meine Rolle und Funktion, was erwarte ich von mir?)
- Die eigenen Ideale und Ziele (Sind sie angemessen und realistisch oder reibe ich mich auf?)

Ängste

Bei den Ängsten unterscheidet Glumm gesunde und krank machende. Er weist darauf hin, dass sie uns in positiver Weise darauf aufmerksam machen können, dass uns bestimmte Situationen schaden. Sie können ein Weckruf sein, negative Einstellungen und Verhaltensweisen zu verändern, und damit zum positiven Motivator werden (vgl. Glumm 2012, S. 66). *„Die Angst kann sich auch in zahlreichen körperlichen Beschwerden äußern und sich hinter einem unklaren Schwindel ebenso verstecken wie hinter nicht abzuklärenden Herzproblemen, Magenschmerzen oder Übelkeit. Unbehandelt werden Ängste chronisch und schränken die Lebensqualität zunehmend ein. Diese krankhafte Angst behindert die Entwicklung von positiven Gedanken […] und verbaut den Blick auf vorhandene Lösungsmöglichkeiten"* (ebd., S. 70). Genauer auf krankhafte Ängste einzugehen, sprengt den Rahmen dieses Buches. Es gibt für betroffene Erzieherinnen spezifische Literatur, und es empfiehlt sich, mit dem Arzt*der Ärztin des Vertrauens zu sprechen und gegebenenfalls therapeutische Hilfe in Anspruch zu nehmen.

Träume

Träume können Erzieherinnen Wege weisen. Sie können verborgene Talente und Ressourcen offenbaren und aufzeigen, was wir uns innerlich verbieten und nicht leben. Unsere Träume sprechen manchmal in Rätseln zu uns, und doch sind wir es, die sie produzieren. Erzieherinnen können sie nutzen, um ihrer schöpferischen Kreativität in Phasen von Stagnation und Leere auf die Sprünge zu helfen und in ihnen sogar Heilungspotenziale in Krisen oder Krankheit entdecken. *„Zu allen Zeiten und in vielen Kulturen wurde den Träumen ein hoher Wert beigemessen. Es gab schon immer professionelle Traumdeuter und Niederschriften zur Traumsymbolik"* (vgl. Mannhard, A. (2019b): Weiblich führen in der Kita. Berlin: Cornelsen, S. 97–99).

Praxisübung

Erzieherinnen können ihre Träume deuten und sie zum Beispiel für die Lösung eines beruflichen Konflikts nutzen, wie die folgenden Impulsfragen zeigen. Dazu muss der Traum möglichst konkret niedergeschrieben werden, um die Inhalte zu analysieren.

- Für was könnte Person X und / oder Situation Y stehen?
- Welchen Zusammenhang kann ich zu meiner Arbeit herstellen?
- Wenn ich mir die Handlung wie einen Film ansehe, verdichtet oder verflüchtigt sich etwas?
- Was könnte das Verhalten der verschiedenen Akteure im Berufsalltag bedeuten?
- Zu welchem Ergebnis führt es?
- Welche Botschaften könnte der Traum haben, die mir im Beruf weiterhelfen?

(vgl. Mannhard, A. (2020c): (Mentales) Selbstmanagement. Aachen: Bergmoser & Höller)

Wenn Sie sich intensiver in das Thema einlesen möchten, empfehle ich Ihnen das Buch*: Ball, P. (2007): 10.000 Träume. Traumsymbole und ihre Bedeutung von A–Z. München: Goldmann.*

Vier Säulen der Gesundheit

Laufen erfordert Muskelkraft, aber auch Willensstärke.

Delly, 16 Jahre (in Parker 2018, S. 128)

Unser Wohlbefinden hat eine positive Auswirkung auf die Gesundheit und Arbeitsfähigkeit. Wie kommt eine Erzieherin zum Wohlbefinden und wie kann sie sich nach Phasen stärkerer Beanspruchung wieder innerlich ausbalancieren? Wenn sie nicht von Zeit zu Zeit innehält, rast die Arbeit an ihr vorbei, und sie ist nur noch Ausführende, aber nicht mehr Gestaltende.
Die vier Säulen helfen, sich und sein Umfeld immer wieder in der Tätigkeit zu reflektieren und, wenn nötig, Veränderungen einzuleiten. So tanken Erzieherinnen Energie, Muße und kraftvolle Kreativität.

1. Säule: Persönliche Verantwortung leben
Der einzige Mensch, der sein Arbeitsleben zufrieden und erfolgreich gestalten kann, ist man selbst. Nicht die Gesellschaft, nicht der Träger, nicht die Eltern oder Kinder, sind wirklich verantwortlich dafür, ob eine Erzieherin ihre Talente und Fähigkeiten nutzt, um ihre beruflichen Erfahrungen zu reflektieren, aus ihnen zu lernen und gemäß ihrer Möglichkeiten zu arbeiten, indem sie sich selbst ein Versprechen gibt, ihr Bestes einzubringen. Das persönliche Glück in der Arbeit ist individuell, und auch der Sinn in der Tätigkeit ist es. Unsere berufliche Biografie ist nur zum Teil von den äußeren Umständen und den Menschen im Umfeld abhängig, es liegt an uns selbst, wie wir mit ihnen umgehen und wie wir unser Arbeitsleben mitgestalten.

Praxisübung

Wer sagt: „Ich kann nicht", setzt sich selbst Grenzen. Hier lohnt es sich, sich – wie in einer Badewanne – im Kopf in das Bad der eigenen Gedanken zu setzen und sie aufzuschreiben. Unsere Gedanken beeinflussen unsere Gefühle, negative Gedanken unser Wohlbefinden. Mit einem Rotstift streichen wir solche Gedanken durch. Dahinter oder darüber können wir diese hinderlichen Denkmuster durch aufbauende Gedanken ersetzen, zum Beispiel in einer grünen Farbe. Hilfreich bei der Unterscheidung destruktiver und konstruktiver Gedanken ist ein inneres Stoppschild. Wie ein*e Verkehrspolizist*in können wir uns bei einem Gedanken fragen, ob wir ihn hindurchlassen wollen oder nicht. Freie Fahrt erhalten nur die Gedanken, die uns fördern.

Wenn wir positive, uns selbst bestärkende Gedanken aufschreiben, haben sie vielfach mehr Kraft, als wenn sie nur in unserem Kopf sind. Je mehr aufbauende Gedanken, umso besser unser Wohlbefinden. Es geht nicht darum, die Arbeitswelt durch eine rosarote Brille zu betrachten, auch wenn es manchmal helfen kann, eine solche innerlich aufzusetzen, wenn wir gewisse Umstände derzeit nicht ändern können. Es geht darum, mit einer zusätzlichen Dosis an positiver Energie zeitweise stärkere Belastungen auszugleichen. Das ist besser, als sich bei Schwierigkeiten mit negativen Gedanken zusätzlich selbst zu belasten.

Praxistipp

Nicht nur das gesprochene Wort, sondern auch die innere Sprache hat Macht. Es lohnt sich, immer wieder zu überprüfen, wie wir uns mit gewissen Worten oder Sätzen fühlen, die wir zu uns selbst sagen. Umso mehr können wir darauf achten, dass unsere innere Sprache positiver und wohlwollender wird, denn dies wird sich auf unser Wohlbefinden und unsere Gesundheit günstig auswirken.

Beispiele negativer und positiver Selbstbeeinflussung:

negativ	***positiv***
Ich bin nicht stark genug und kränklich.	Ich komme zu Energie und trage aktiv dazu bei, gesund und fit zu werden / sein.
Ich bin nicht gut genug.	Ich vertraue auf das, was ich gut kann, und baue meine Stärken weiter aus.
Ich mache alles falsch.	Wenn ich einen Fehler mache, kann ich ihn korrigieren. Nur wer nichts tut, macht keine Fehler.
Im Arbeitsleben hatte ich schon viel Pech.	Auch wenn die Umstände oder Menschen in meinem Umfeld manchmal schwierig waren, glaube ich an mich selbst und an meine Gestaltungskraft, künftig Erfolg anzuziehen und meine Ziele zu verwirklichen.
Ich bin nicht ehrgeizig und zielstrebig genug.	Ich konzentriere mich auf das, was mir in meiner Arbeit wirklich wichtig ist und mir sinnvoll erscheint, damit ich zufrieden tätig sein kann. Ich vertraue mir.

2. Säule: Selbstbestimmt arbeiten

Die zweite Säule baut auf der ersten auf, denn Grundlagen für selbstbestimmtes Arbeiten sind ein positives Selbstbild und starke, aufbauende, innere Überzeugungen. Die innere Mitte ist der Kern, von dem aus wir unseren beruflichen Weg gestalten und gehen. Damit einher geht unser Wollen, neben dem Können, das sich in unserer Qualifikation und Berufserfahrung zeigt. Wenn eine Erzieherin in ihrer Arbeit für etwas brennt und es ihr ein wichtiges Anliegen ist, diesen Wert oder Sinn zu verfolgen, entwickelt sie eine starke Willenskraft, die ihre Selbstbestimmung und Selbstwirksamkeit unterstützt. Wichtig ist hier eine gute Führung, denn wenn eine Kita-Leitung situativ führt, erkennt sie diese Speerspitze der Tätigkeit, die ein Mensch individuell und einzigartig zum Wohle aller einbringt. Wenn wir intrinsisch motiviert arbeiten wollen und dürfen, entwickeln wir Begeisterung für Ziele, Glaube, Wille und Vision. Eine solche Kraft stärkt unser Wohlbefinden und unseren Energiehaushalt.

Praxistipp

Die Speerspitze ihrer Tätigkeit finden und verfolgen Erzieherinnen erfolgreich, wenn sie an das Erreichen wichtiger Ziele glauben, ihre Ziele das Gemeinwohl der Kita unterstützen, die Ziele ganzheitlich die Arbeitsaufgaben, Gesundheit, Persönlichkeitsentwicklung und den Sinn umfassen, die Ziele nicht mit anderen Zielen konkurrieren und realistisch, positiv und aktiv formuliert wie terminiert sind.

Praxisübung

Zur Unterstützung der Speerspitze ihrer Tätigkeit kann eine Erzieherin den folgenden Satz zu Ende führen:

„Ich bin es wert, die mir wichtigen Ziele zu erreichen, weil …!"

3. Säule: Die Handbremse lösen

Wenn wir in unseren Arbeitsbeziehungen anderen oder uns selbst gegenüber dauerhaft negative Gedanken hegen, die Ärger, Wut oder sogar Hass auslösen, vergiftet dies unser Arbeitsleben und wir schädigen auf Dauer unsere Gesundheit. Wir programmieren uns so auf Unzufriedenheit, Erfolglosigkeit und letzten Endes auch auf Unglück. Wir belasten uns und wandeln unsere Energie, die wir positiv für unser Vorankommen nutzen könnten, in zerstörerische Energie, die uns behindert und blockiert. Untersuchungen belegen, dass chronischer Ärger und Verbitterung krank machen.

Praxistipp

Wenn uns eine negative Erfahrung verletzt hat, tun wir im Sinne unseres Wohlbefindens gut daran, den damit verbundenen Schmerz auszudrücken und dann loszulassen. Wir können uns immer wieder neu ausrichten und sollten dem, was geschehen ist, keine Macht über unsere Gegenwart und Zukunft einräumen. Wir nehmen die Zügel unseres Arbeitslebens selbst in die Hand. Gemäß dem Erich Kästner zugeschriebenen Zitat, dass wir auch aus Steinen, die uns in den Weg gelegt werden, etwas Schönes bauen können, können wir Hindernisse und Schwierigkeiten aus dem Weg räumen und weitergehen.

Auch Eifersucht und Neid sind destruktive Gefühle, wenn wir sie nicht nutzbar für uns selbst machen. Wie gelingt das? Indem wir sie als menschliche Gefühle als zu uns gehörend annehmen und uns fragen, was hat der oder die andere, was ich nicht habe? So können wir auf Spurensuche gehen und neue Sterne vom Himmel pflücken.

4. Säule: Was uns voranbringt
Im Grunde ist es einfach, zu stärken, was uns im Arbeitsleben voranbringt: Das Verfolgen persönlicher Werte, die Konzentration auf unsere Speerspitze, ins Handeln kommen und notwendige Veränderungen anpacken, Disziplin, Durchsetzungskraft und Durchhaltevermögen beim Erreichen unserer Ziele aufbringen, uns an Freude, an Glücksmomenten und am Wachstum orientieren. Wenn wir Ja zu uns selbst und unserem Arbeitsleben sagen, erhöhen wir unser Selbstvertrauen und stärken die Selbstwirksamkeit.

Praxistipps für zufriedene Erzieherinnen
- Sich mögen und annehmen, wie man ist, und sich als wertvoll erleben.
- Seinen Teil der Verantwortung für das, was einem geschieht, und daraus resultierende Herausforderungen annehmen.
- Sich nicht über Kleinigkeiten ärgern, sondern Unwichtiges von Wichtigem unterscheiden.
- In der Gegenwart leben und arbeiten, denn die Vergangenheit ist vorbei und die Zukunft noch nicht da.
- Sich Zeit nehmen für das, was wichtig ist, auch für das eigene Wohlbefinden und die Gesundheit.
- Den Mut haben, sich neuen Situationen zu stellen, denn diese bringen einen weiter.
- Das Arbeitsleben genießen und immer wieder Sterne am Himmel entdecken.
- An die eigene Selbstwirksamkeit und Veränderungspotenziale glauben.
- Sich im Loslassen üben, denn immer, wenn etwas aus unserem Arbeitsleben verschwindet, macht es etwas Besserem Platz.
- Mit sich selbst und anderen Geduld haben.
- Entscheidungen treffen, die sich auf eine positive Zukunft hin ausrichten.
- Nach Enttäuschungen aufstehen und weitergehen.

Die weibliche Kraft

**Stärke habe ich am meisten gespürt,
wenn ich mir meine persönlichen Freiheiten genommen habe.**

Fiona, 18 Jahre (in Parker, K.T. (2018): Wilde Mädchen. Am schönsten sind wir, wenn wir niemandem gefallen wollen. München: mvg Verlag, S. 252)

Immer noch verdienen Frauen für die gleiche Tätigkeit weniger als Männer, und das im 21. Jahrhundert. Frauensport wird weitaus weniger als der von Männern in Funk und Fernsehen übertragen, und Schauspielerinnen beklagen, in Rollen auf weibliche Attribute reduziert zu werden. Selbst Charakterdarstellerinnen dürfen weniger von dem zeigen, was sie eigentlich könnten. Nun ist es an der Zeit, dass Mädchen und Jungs in der Kita kraftvolle weibliche Modelle erleben, die intelligent, talentiert und stark sind, damit das Ungleichgewicht aus den Generationen irgendwann vollständig verschwindet. Mit Selbstbewusstsein verändern Mädchen und Frauen die Welt, wie man es an zahlreichen weiblichen Vorbildern der Gesellschaft sehen kann. Die Aufgabe der pädagogischen Fachkräfte in den Kitas ist, Mädchen (und natürlich auch Jungs) an ihre Stärke zu erinnern, wenn sie verzagt sind oder an sich zweifeln. Zentral dabei ist, Kinder in der Entwicklung zu ihrem individuellen Selbst zu begleiten, damit sie selbstsicher und mutig ihren Weg gehen.

Frau sein hat mit Passivität und reiner Sanftmut nichts zu tun. Weibliches Denken greift auf die Welt aus und drängt zum Handeln (vgl. Bollmann, S. (2015): Frauen, die denken, sind gefährlich. Berlin: Insel Verlag, S. 10). Frauen gestalten Leben, und sie möchten zum Besseren verändern. Starke Persönlichkeiten orientieren sich dabei an ihrer Urteilskraft und an ihrem Willen. Ihre Gestaltungskraft kann Mädchen und Jungs Impulse für deren Leben geben, und sie dienen damit gleichermaßen als Modell und Vorbild. Das fängt in der Familie an, setzt sich fort in Kita und Schule und spiegelt sich in der Berufsausbildung und Laufbahn. Mädchen (und auch Jungs) in der Kita selbständiges Denken zu vermitteln, ist die Basis dafür, dass sie mutig ihren Interessen folgen und die Welt konstruktiv verstehen und mitgestalten. Sie führen, je älter sie werden, zunehmend Regie über ihr Dasein und überlassen keinen Fremden ohne die eigene Mitbestimmung das Steuer des Lebensschiffes.

Die Geschichte der weiblichen Emanzipation zeigt, dass mit Menschenrechten meist nur die der Männer gemeint waren. Im Roman *Jane Eyre* bilanziert sich der Stand der Frauenfrage im 19. Jahrhundert: *„Niemand weiß, wie viel stille Auflehnung und Rebellion […] in den Menschenmassen der Erde gären. Frauen werden im Allgemeinen als ruhige Wesen betrachtet, aber Frauen fühlen ebenso stark wie Männer, sie brauchen Anwendungsmöglichkeiten für ihre Begabungen und Betätigungsfelder für ihre Energien im selben Maß wie ihre Brüder. Sie leiden unter zu starker Behinderung und dem Mangel an Entwicklungsmöglichkeit nicht weniger als Männer […]“* (ebd., S. 15).

Diese Frauen waren Modelle für weibliche Kraft im jeweiligen Zeitalter:

- Bertha von Suttner (Friedensnobelpreisträgerin), Lou Andreas-Salomé (Schriftstellerin und Psychoanalytikerin), Margaret Mead (Forscherin), Alva Myrdal (Friedensnobelpreisträgerin), Hannah Arendt (Philosophin / politische Theoretikerin) und Simone de Beauvoir (Schriftstellerin) waren in ihrer Kindheit und Jugend vom Ersten Weltkrieg beeinflusst. Die Männer waren im Krieg, die Frauen übernahmen das Steuer des Lebensschiffs. Frauen erlebten ihre eigene Selbstwirksamkeit und machten sich nicht von Männern und / oder äußeren Umständen abhängig.
- Marie Curie und Luise Meitner (Physikerinnen), Rachel Carson (Umweltaktivistin) und Jane Goodall (Verhaltensforscherin) wurden gegen Widerstände Studentinnen und ausgezeichnete Wissenschaft-

lerinnen. Zur damaligen Zeit gab es kaum Frauen in diesen Studiengängen und manche Professoren verschlossen ihnen die Türen zu Vorlesungen. Man sprach ihnen schlichtweg eigenes Denkvermögen ab. Als der damalige Präsident der Harvard University immerhin im Jahre 2005 (!) noch der Ansicht war, Frauen hätten eine geringere Begabung für Mathematik und Naturwissenschaft, musste er seinen Posten räumen.

- Olympe de Gouges, Emmeline Pankhurst, Simone Veil und Alice Schwarzer kämpften und kämpfen für die Rechte der Frauen, beispielsweise das Wahlrecht, die Gleichstellung von Mann und Frau oder das Recht auf einen Schwangerschaftsabbruch.
- Oriana Fallaci (Journalistin), Susan Sontag (Schriftstellerin), Anna Politkowskaja (Journalistin), Arundhati Roy (Menschenrechtsaktivistin) und Marjane Satrapi (Schriftstellerin und Illustratorin) zeichnen sich durch Rebellion gegen Missstände aus und wurden damit zu Zeitzeuginnen. Sie engagierten und engagieren sich für eine bessere Welt.
- Indira Gandhi, Margaret Thatcher, Angela Merkel und Aung San Suu Kyi bekleideten und bekleiden politisch hochrangige Ämter und gestalten damit Macht. Machtübernahme bedeutet, die Kraft zu haben, Ziele gemäß den eigenen Vorstellungen in die Tat umzusetzen (vgl. ebd.).

Praxistipp

Einen interessanten Überblick über weibliche Heldinnen der Weltgeschichte gibt das Buch Kick-Ass Women von Mackenzi Lee (2019, Suhrkamp Verlag).

Auch heute noch können sich Frauen manchmal nicht die gleichen Freiheiten bei der Gestaltung ihres Lebens herausnehmen, sie verdienen für die gleiche Arbeit weniger und sie werden in politischen und / oder beruflichen Gremien manchmal nicht ebenso gehört wie ihre männlichen Kollegen. In Führungspositionen und Parteien bestimmter Branchen und Gesinnungen sind sie deutlich in der Minderheit, und in Kirche dürfen sie höhere Ämter nicht ausüben. Frauen stoßen also auch heute noch auf strukturelle Barrieren, die sogenannte „gläserne Decke". Aber immer gab und gibt es weibliche Vorbilder und Modelle, die sich auf den Weg machen und verkrustete Strukturen durchbrechen. Manche haben eine klare Botschaft und ein Ziel, andere tun einfach das, was sie für richtig halten, und leben Nonkonformismus. *„Eigentlich gewinnt immer der, der sich nicht an die Spielregeln hält. Das wollte ich lange nicht glauben, aber es ist so"* (Merkel, A. (2015) In: Bollmann, S. (2015): Frauen, die denken, sind gefährlich. Berlin: Insel Verlag).

Was sagen erfolgreiche Frauen zu Prägungen der Kindheit und der Bedeutung von Bildung?

- Solvita Aboltina, Präsidentin des lettischen Parlaments: *„Mein Lettischlehrer […] war ein gutes Vorbild […]. Er hat mich inspiriert und mir beigebracht, dass Arbeit eine Tugend ist. Ich betone immer wieder, dass Bildung etwas Wertvolles ist, das einem niemand nehmen kann. In der Politik ist es wichtig, frühere Standpunkte der Menschen und vergangene Ereignisse zu verstehen. Ebenso wichtig ist es, ihre zukünftigen Einstellungen vorherzusagen. Eine Frau, die erfolgreich sein will, sollte an sich glauben"* (Plehwe, K. (2011): Female Leadership. Die Macht der Frauen. Von den Erfolgreichsten der Welt lernen. Hamburg: Hanseatic Lighthouse, S. 401, 403).
- Mehriban Aliyeva, Mitglied der Nationalversammlung Aserbaidschans und UNESCO Goodwill Ambassador: *„Kindheit und Jugend sind die besten Zeiten eines jeden Menschen. Diese Lebensabschnitte werden oft als sorglos und teilweise gar als oberflächlich angesehen. In der modernen Gesellschaft ist*

Bildung eine Voraussetzung für Erfolg geworden. Bildung ist heute die sicherste langfristige Investition. Wichtig ist, sich nicht nur Ziele zu setzen, sondern auch den Weg dahin zu bestimmen" (ebd., S. 405, 409).

- Helga Breuninger, vielfach ausgezeichnete Unternehmerin: „*Nach einem erfolgreich abgeschlossenen Wirtschaftsstudium und einer Diplomarbeit im Kaufhaus erfuhr ich dann von meinem Vater, dass er sich eine Tochter als Nachfolgerin nicht vorstellen konnte. Damit wurde das Thema Frauen und Führung zu einem meiner Lebensthemen. Praktische Lernerfahrungen zu machen ist meine Hauptantriebsfeder für verschiedenste Aktivitäten. Vieles ist möglich, wenn wir es wirklich wollen – aber es muss auch Spaß machen*" (ebd., S. 411, 413).
- Waris Dirie, UN-Sonderbotschafterin und ehemaliges Top-Model: „*Der Tag, an dem ich als kleines Kind beschnitten wurde, hat mein Leben verändert. Als ich nach dieser schrecklichen Tortur wieder das Bewusstsein erlangte, wusste ich, obwohl ich noch ein kleines Mädchen war, dass mit mir etwas geschehen war, das unrecht und falsch war. Obwohl ich nicht wusste wie, wann und wo, war mir klar, dass ich eines Tages dagegen kämpfen würde. Bildung bedeutet für mich, niemals mit dem Lernen aufzuhören. Glaube an dich selbst, du hast jegliche Kraft […]*" (ebd., S. 415–416).
- Irena Eris, Unternehmerin: „*Meine Eltern wollten, dass ich mich zu einer selbständigen und selbstbewussten Person und Frau entwickle. Sie wollten, dass ich mich unabhängig von meiner momentanen Lebenssituation immer auf meine eigenen Kenntnisse und Fähigkeiten verlassen kann. Man muss sich trauen, rational zu denken und weiter nach dem zu suchen, was man wirklich im Leben machen will, denn es ist niemals zu spät, seine Träume zu erfüllen*" (ebd., S. 419, 423).
- Hyun Jeong-Eun, unter den „100 Most Powerful Women" der Forbes-Liste 2008/2009: „*Ich war in der Lage, den Stier bei den Hörnern zu packen, […] obwohl ich lange Zeit Vollzeit-Hausfrau war. Es geht nicht darum, jemanden als gut oder schlecht zu bewerten. Es geht vielmehr darum, Synergien zu schaffen und Individuen dabei zu helfen, ihre verschiedenen Stärken zu entwickeln und mit ihrem Potenzial in Einklang zu bringen. Wir sollten uns von der Unermüdlichkeit einer Balletttänzerin beim Training inspirieren lassen*" (ebd., S. 425, 429).
- Temple Grandin, Bestsellerautorin und Spezialistin für artgerechte Tierhaltung: „*Generell halfen mir gute Lehrer dabei, erfolgreich zu sein. Ich liebe es, etwas Neues zu lernen. Man muss hart arbeiten. […] Deshalb sollte man ausgezeichnet in seinem Beruf sein*" (ebd., S. 435).
- Bertha Otilia Oliva Guifarro, Menschenrechtsaktivistin: „*In der frühen Jugend habe ich leider indirekt das Horcones-Massaker von 1975, den gewaltsamen Tod von Bauern, Mönchen, Nonnen und Studenten […] miterleben müssen. Ich kann sagen, dass dieses Ereignis ausschlaggebend für meine Solidarität und Suche nach Gerechtigkeit gewesen ist. Seid offen gegenüber Innovationen und habt herausfordernde nachhaltige Ideen, die das Leben der Menschen grundlegend prägen*" (ebd., S. 437, 439).
- Viviane Reding, Kommissarin für Justiz, Grundrechte und Bürgerrecht: „*Ich machte die Erfahrung der Vielfalt Europas – die verschiedenen Sprachen und Kulturen. Ausbildung ist die größte Investition im Leben. Sie ist eine persönliche Investition in unsere Entwicklung und dahingehend, ein besseres Leben zu führen sowie in einer besseren Welt zu leben. Glaube an dich selbst und zeige dem Rest, dass Erfolg nicht vom Geschlecht abhängt*" (ebd., S. 441, 443).
- Fiona Stanley, Epidemiologin: „*Den inspirierenden Einfluss hatten […] ein paar Bücher. Bildung bedeutet, die Welt in all ihren Aspekten zu verstehen […]. Es bedeutet, in der Lage zu sein, kritisch über Themen zu lesen und zu diskutieren. Betrachte alle Seiten eines Themas und suche Übereinstimmungen. Pack es an*" (ebd., S. 449, 452).

Die innere Heldin

Erzieherinnen entwickeln sich heutzutage in ihrer Tätigkeit auch persönlich weiter, und manchmal müssen sie noch die eigene Familie unter einen Hut bringen. Manche von ihnen sind alleinerziehend, andere in einer aufreibenden Leitungsposition. Bei all den Anforderungen des Lebens verlieren sie manchmal den Kontakt mit sich selbst. Doch immer wieder spricht die Stimme der Sehnsucht zu ihnen, die da sagt:

- Was ist aus deinen Träumen geworden?
- Wie nährst du dein schöpferisches Selbst?
- Was liebst du wirklich?

„Wie erfolgreich jede Frau ihren eigenen Weg durch das Dickicht dieser vielfältigen Herausforderungen findet, hängt weitgehend davon ab, ob sie den Weg zu den weiblichen Kraftquellen kennt. Frauen, die bereits regelmäßig aus den Quellen weiblicher Kraft schöpfen, sind leicht daran zu erkennen, dass sie von innen heraus leuchten. […] Sie sind vital und ungekünstelt, robust, großmütig, einfallsreich und in besonderem Maße seelenvoll und verspielt. Sie sind anpassungsfähig und durchsetzungsstark, sanft und wild, verletzlich und stark. […] Sie verlieren sich nicht in Jammerei, sondern packen das Übel bei der Wurzel. Sie sind nicht zu fragil oder zu traumverloren, um etwas mit großer Kraft und Hartnäckigkeit ins Leben zu setzen, großzuziehen, aufzubauen und bis zum gelungenen Ende zu verfolgen" (Groth, S. (2018): Die Heldinnenreise. Wege zu den weiblichen Kraftquellen. München: Kösel, S. 13–14).

Praxisbeispiel

Frau Gros findet viele Gründe, weshalb sie sich nicht mehr anstrengen will. Vor allem werde ihr Engagement als Kita-Leitung in einer privaten Elterninitiative nicht gewürdigt. Mit dieser Situation ist sie schon einige Jahre unzufrieden, aber aus ihrer Sicht lohne sich zwanzig Jahre vor der Rente auch keine Umschulung in einen anderen Beruf mehr, und für Weiterbildungen am Wochenende oder in ihren Ferien fehle ihr die Kraft und die Zeit. Außerdem fehle es ihr an einer Vision und an einem motivierenden Ziel, irgendwie sei es ihr auch zu anstrengend, sich damit zu beschäftigen.

Was ist mit dieser Erzieherin passiert? Mit dem Aufbruch zu einer Heldenreise hat diese Haltung wenig zu tun, vielmehr verspricht sie ein Weiter so in Öde und Leere. Es ist, als wenn ihr die Kraft für die Entscheidung fehlt, die Reise zu sich selbst anzutreten und bislang verborgene Kraftquellen zu nutzen, um sich auf den Weg zu einem besseren Arbeitsleben zu machen. In aller Regel beschäftigen sich beruflich unzufriedene Erzieherinnen auch privat mit der Stagnation ihrer Laufbahn, wo sie sich ebenfalls nicht allzu glücklich fühlen. Was muss passieren, dass eine solche Erzieherin ihren Schreibtisch leerfegt, die Wohnung ausmistet, ihre Gedankenwelt entrümpelt, Beziehungen und Freundschaften klärt, einen Schlussstrich unter ihr bisheriges (Arbeits-) Leben zieht und eine neue Seite in ihrem Lebensbuch aufschlägt? Offenbar hat sie ihre Lebensaufgabe noch nicht entdeckt, die ihr Kraft und Orientierung geben könnte. Um diese zu finden, schlägt Sabine Groth die folgenden Fragen zur Beantwortung vor:

- *„Wie sieht mein einzigartiger Beitrag aus?*
- *Warum ist es wichtig, dass ich existiere?*
- *Welche einzigartige Mischung an Qualitäten, Talenten und Fähigkeiten bringe ich mit?*
- *Was ist mein eigentlicher Grund dafür, zu sein, was ich bin, und zu tun, was ich tue?"* (ebd., S. 271).

Für den Kontakt mit der inneren Heldin lohnt es sich, wenn Erzieherinnen sich mit den sogenannten Archetypen aus weiblicher Sicht beschäftigen. Die Archetypen der Seele bezeichnen etwas Urmenschliches und Verbindendes zwischen allen Generationen, da es über uns selbst hinausgeht. „*Psychotherapeuten, die diese Archetypen-Lehre kennen gelernt und in der Behandlung eingesetzt haben, berichten, dass die individuelle Matrix ihnen und ihren Klienten über die Bearbeitung von psychischen Angstphänomenen hinaus eine spezielle, ressourcenorientierte Dimension verleiht*" (Hasselmann, V. & Schmolke, F. (2010): Archetypen der Seele. Eine Anleitung zur Erkundung der Seelenmatrix. München: Goldmann, S. 11).

Die folgenden *Archetypen* können für Erzieherinnen wichtig sein, die die innere Heldin entdecken und stärken wollen:

- *Die Hexe*: Wer seinen Schatten kennenlernt und integriert, muss ihn nicht nach außen projizieren und kann seine Authentizität leben.
- *Die Liebende*: Wer seine gesamte Gefühlspalette annimmt und integriert, gelangt zur emotionalen Autonomie und Selbststeuerung.
- *Die Kriegerin*: Wer seine Bedürfnisse kennt und wertschätzt, kann um etwas bitten und Klagen aufgeben. Man erkennt auch die Bedürfnisse anderer empathisch.
- *Die Wilde:* Wer seinem Instinkt folgt und auf seine Intuition vertraut, kann mit seiner eigenen Stimme sprechen und viel erreichen.
- *Die Seherin*: Wer sich den Lebensfragen stellt, die eigene Schöpferkraft entdeckt und lebt, außerdem seine Träume zielgerichtet verfolgt, findet zu seiner Lebensaufgabe und zu seinem persönlichen Glück.

Hasselmann & Schmolke kennen sieben *Urängste*, aufgrund derer wir uns in unserer Entwicklung behindern:

- Selbstverleugnung aus Angst vor Unzulänglichkeit
- Selbstsabotage aus Angst vor Lebendigkeit
- Märtyrertum aus Angst vor Wertlosigkeit
- Starrsinn aus Angst vor Unberechenbarkeit
- Gier aus Angst vor Mangel
- Hochmut aus Angst vor Verletzungen
- Ungeduld aus Angst vor Versäumnissen (ebd., S. 112–170).

Ein langes Leben

Heute hundertjährige Frauen haben viel erlebt, von Kriegen über die Erfindung des (Farb-) Fernsehens bis zum ersten Tippen auf der Tastatur eines Computers. Sie verfügen über einen reichen Schatz an Erfahrungen und über einen Überblick zum Wandel der Werte in der Gesellschaft. Älter werden macht vielen Frauen Angst, aber Hundertjährige faszinieren. Sie können uns sagen, wie ein gutes Frauenleben aussehen kann und was wir dafür benötigen. In welcher Zeit wir auch leben, es lässt sich ein roter Faden durch die Wünsche und Sehnsüchte der Frauen aus allen Zeiten erkennen. Dabei geht es zum Beispiel um Wertschätzung, Anerkennung, Loyalität, Freiheit, Selbstständigkeit, Liebe und Glück. Solche Werte entsprechen für die meisten von uns einem guten Leben. Die Autorin Kerstin Schweighöfer hat hundertjährige Frauen interviewt und sechs Kernwerte herausgefunden:

1. *Leidenschaft*: Wenn wir nichts mehr vom Leben wollen und für nichts mehr brennen, sind wir an sich schon tot. Stattdessen kann ein Beruf zur Berufung werden, oder eine Frau widmet ihre ganze Leidenschaft einem Hobby oder der Familie.

2. *Liebe:* Hundertjährige betonen, dass Partnerschaften mit unrealistischen Erwartungen überfrachtet werden, was eine enorme Vergeudung von Potenzial darstelle. Der Beziehungsgarten stände erst dann in seiner vollen Pracht, wenn man ihn hege und pflege.
3. *Freundschaft*: Als eine Form der Liebe bezeichnen nicht nur Hundertjährige die Freundschaft, sondern auch Irmtraud Tarr in ihrem Buch „Vom Zauber der Freundschaft" (Tarr, I. (2019): Vom Zauber der Freundschaft. Beziehungen besser verstehen und leben. Gütersloh: Gütersloher Verlagshaus). Auch hier erntet, wer sät.
4. *Freiheit*: Durch in hundert Jahren Befreiung von Kriegen, Krankheiten, Zwängen, falschen Moralvorstellungen und falschen Autoritäten dürfte die Freiheit einen der wichtigsten Werte überhaupt darstellen. Die erkämpften Wurzeln müssen wir unbedingt bewahren und schützen.
5. *Lebensmut*: Lebensmut ist die Fähigkeit, immer wieder von der Schattenseite des Lebens auf die sonnige zu wechseln. Es ist der starke Drang, immer das Beste aus seinem Leben zu machen.
6. *Unvoreingenommenheit*: Wer schnell urteilt und andere in Schubladen steckt, ist überheblich und eitel. Unvoreingenommenheit geht mit Toleranz, Offenheit und Neugierde einher (vgl. Schweighöfer, K. (2015): 100 Jahre Leben. Welche Werte wirklich zählen. Hamburg: Hoffmann und Campe, S. 355–367).

Das Modell

Ich habe vierzehn Karate-Meisterschaften in meinem Bundesstaat gewonnen und drei Bezirkstitel. In weltweiten Wettbewerben habe ich sechs Platzierungen.

Maya, 9 Jahre (in Parker 2018, S. 12)

Es ist spannend, sich auf Spurensuche zu begeben, welche Modelle und Vorbilder uns in unserer Kindheit, in der Jugend, als junge Erwachsene und in den letzten beiden Jahren fasziniert haben. Wir orientieren uns dabei an Figuren oder Personen, die etwas in sich tragen, das wir in uns aufnehmen und entfalten möchten. Je nachdem kopieren wir Anteile für unser Leben und werden im besten Sinne irgendwann zu einem Original mit eigenen Facetten und Persönlichkeitsanteilen. Würden wir nur als Kopie leben, dürften wir ein wenig individuelles Leben gemäß unseren Fähigkeiten haben. Das Modell zeigt uns Talente auf, die in uns schlummern, aber noch brachliegen und zum Leben erweckt werden wollen. Wir können aber auch von Anti-Modellen etwas lernen, denn durch sie erfahren wir, wie wir nicht leben oder sein wollen (vgl. Mannhard, A. (2019c): Ich bin mir wichtig. Die 8 Schlüssel einer glücklichen Erzieherin. Berlin: Cornelsen).

Praxisübung

Welche Bücher oder Filme und dazugehörende Helden oder Heldinnen haben Sie in der Kindheit beeindruckt und fasziniert? Was ist das Motto dieser Figuren? Wenn man sich die Bücher oder Filme noch einmal anschaut, gelingt es, sich in die Kindheit zurückzuversetzen und zu betrachten, warum einem die vermittelten Botschaften damals so viel gegeben haben. Zeigen sich womöglich hier schon Anzeichen für den späteren Lebensweg bis heute, zum Beispiel im Hinblick auf die Berufswahl? Irmtraud Tarr sagt im Interview, dass sie sich schon als Kind fein angezogen und ihren Puppen, die das Publikum darstellen sollten, auf dem „Klavier" vorgespielt hat. Heute ist sie eine bekannte Konzertorganistin (vgl. Mannhard, A. (2019a): Führen im Sandwich. Berlin: Cornelsen).

Wie ging es in der Jugend weiter? Welche Filme und Bücher beeindruckten hier am meisten, was war die innewohnende Botschaft? Als Jugendliche stellten wir unsere Würde in den Mittelpunkt und wir leisteten Widerstand gegen Begrenzungen. Wir suchten unseren individuellen Sinn im Leben und gingen elementaren Bedürfnissen nach. Welche waren das und was ist heute aus ihnen geworden?

Welche Filme oder Bücher faszinierten in den letzten beiden Jahren in besonderer Weise und weshalb?

Nun kann man ein Bild mit Fußspuren gestalten und in die Abdrücke die Qualitäten notieren, die einem Figuren und Personen aus Büchern und Filmen im bisherigen Leben vermittelt haben. Dabei lässt sich entdecken, welche eigenen Abdrücke man auf seinem Lebensweg schon hinterlassen hat.

Ein Blick zurück

Der Blick zurück im Hinblick auf die weiblichen Modelle, die unser Leben bis heute geprägt haben, lohnt sich. Wir können damit einen Schatz heben und herausfinden, was uns Kraft gegeben oder uns geschwächt hat. Und wir können negative Einflüsse, die uns heute noch beeinträchtigen, mit diesem Bewusstsein verwandeln. Die Ereignisse von früher beeinflussen uns, und wenn wir wissen, in welcher Weise, leben und arbeiten wir bewusster und gehen mit der Weitergabe früherer Botschaften an Kinder achtsamer um. Wir vermitteln dann nur das, was wir als wertvoll und hilfreich für Mädchen, aber auch für Jungs, ansehen.

Unsere Erfahrungen fließen in das Bild ein, das wir von Kindern und ihren Familien, mit denen wir arbeiten, haben, und sie beeinflussen das berufliche und persönliche Handeln. Wenn wir mit der eigenen Geschichte reflektiert umgehen, können wir diesbezüglich selbstbestimmt und frei arbeiten. Biografiearbeit ermöglicht einen Perspektivenwechsel und erforscht im Hinblick auf die Modelle und Vorbilder, die wir uns ausgewählt haben, eine Reflexion der Bewertungen, die wir zu der jeweiligen Zeit trafen. Wir erforschen unsere Werte und Haltungen (vgl. Mannhard, A. (2018a): Der Lebensspur folgen. Biografiearbeit für Erzieherinnen und Erzieher. Freiburg: Herder).

Praxisübungen

Wer die weiblichen Modelle aus seiner Kindheit und Jugend betrachtet, kann sie auf ein Papier zeichnen und die Rolle, die man als für sie prägend wahrgenommen hat, dazuschreiben. Vermutlich wird das nicht nur eine Rolle sein, sondern mehrere, und man könnte die verschiedenen Rollen durch Farben oder Zahlen unterschiedlich gewichten.
Welche Rollen nimmt man selbst heute ein? Welche gefallen, welche mag man nicht? Welche sollen sogar abgelegt oder verändert werden, damit sie heute (noch) passen? Welche Rollen wurden einem zugeschrieben und welche sind selbst gewählt?

Wer die Frauen aus seiner Herkunftsfamilie ähnlich einem Ahnenbaum betrachtet und diesen auf einem Papier gestaltet, kann sich die verschiedenen Rollen im Hinblick auf Zuschreibungen und Freiwilligkeit bei der Übernahme der damit verbundenen Funktionen und Eigenschaften vergegenwärtigen. Gibt es Parallelen im Hinblick auf das eigene Leben und vielleicht auch dahingehend, was man selbst an Kinder, insbesondere an Mädchen, vermittelt?

Praxistipp

In einem Kita-Team können alle Mitglieder ihre verschiedenen Rollen auf eine Liste schreiben, zum Beispiel bei Frau Müller: Gruppenleitung, stellvertretende Kita-Leitung, Leitung des Qualitätsmanagement-Zirkels U3, Vermittlerin bei Konflikten, Verhandlungsführerin in einer schwierigen Kooperation mit der Grundschule, „gute Seele" des Teams. Dann schaut jedes Teammitglied auf seine Rollen: Welche wurden zugeschrieben, welche selbst gewählt, welche werden gerne und welche nicht gerne ausgeübt? Stimmt die Anzahl der übernommenen Rollen in etwa überein oder haben manche sehr viele übernommen, andere nur wenige? Wie wichtig sind die Rollen für das Team? Hier kann man gemeinsam eine Priorisierung vornehmen.
Anhand dieser Analyse lässt sich überprüfen, ob die einzelnen Teammitglieder die Rollen gemäß ihren persönlichen Stärken freiwillig und gerne ausüben oder welche als unpassend, auferlegt und belastend empfunden werden. Diese kann man verändern oder, wenn sie weniger wichtig für das Team sind, auch ablegen.

(vgl. Mannhard, A. (2019d): Das Kita-Team. Informationen und Praxistipps rund um Teamentwicklung, Teamführung und Teamgesundheit. Aachen: Ökotopia).

Das Selbst

Ich liebe es, zu malen und etwas zu erschaffen, solange mir niemand Regeln aufstellt. Dann kann ich alles umsetzen, was ich in meiner Vorstellung sehe.

Emme, 7 Jahre (in Parker 2018, S. 239)

Wenn man Mädchen (und auch Jungs) so erzieht, dass sie viele Gründe finden, nicht in Ordnung zu sein oder nicht die Person sein zu dürfen, die sie sind, erzielt man, dass sie ihr Selbst unterdrücken. Wann zeigt sich das Selbst? Immer dann, wenn wir mit Freude und spontan unseren Impulsen folgen. Das Selbst setzt sich wie ein Puzzle zusammen und wird zu einem Ganzen. So gehören zum Beispiel unsere Träume, Wünsche, Bedürfnisse, Freuden, Erfolge, Erfahrungen und Glaubenssätze dazu. Sich in Freiheit auszuprobieren, ohne Angst vor den Urteilen anderer zu haben, führt zum Selbst. Damit einher gehen ein reiches Gefühlsleben und ein entsprechender Ausdruck. Wir lernen intensiv aus unseren Erfahrungen und bauen Selbstvertrauen und eine eigene Identität auf. Wir identifizieren uns mit uns selbst. Finden wir zu unserem echten Selbst, ist unser Dasein gefestigt. Wir suchen Wirkungsorte und Menschen, mit denen wir etwas erreichen und so sein wollen, wie wir sind. Wir stabilisieren das Erreichte und akzeptieren unsere Schwächen. Je älter wir werden, umso mehr integrieren wir unsere Unzulänglichkeiten und stehen zu ihnen. Das Sein ersetzt den Schein (vgl. Mannhard, A. (2019c): Ich bin mir wichtig. Die 8 Schlüssel einer glücklichen Erzieherin. Berlin: Cornelsen).

Praxistipp

In unserer Tätigkeit können wir immer wieder innehalten und spüren, wann wir uns am lebendigsten fühlen. Dann sind wir bei der Arbeit in großer Übereinstimmung mit unserem Selbst.

Zur *Selbstannahme* gehören die Selbstliebe und die Annahme von allem, was einen ausmacht: Gefühle, Gedanken, Bedürfnisse. Wer dankbar für seine Ressourcen ist und diese regelmäßig ehrt, richtet den Fokus auf das aus, was ihn stärkt (vgl. Kapitel zur Resilienz). Wer all seine Gefühle, auch die unangenehmen, als Teil von sich annimmt, integriert seinen Schatten und muss ihn nicht auf andere projizieren. Wichtig ist, für die eigenen Gedanken, Gefühle und Bedürfnisse Selbstverantwortung zu übernehmen und zum Beispiel um etwas zu bitten, anstatt zu klagen. Wer Ja sagt, wenn er Ja meint, und Nein, wenn ein Nein gemeint ist, respektiert sich selbst und wird in der Regel auch von anderen respektiert. Wer sich selbst zu helfen weiß, den unterstützt in aller Regel auch das Leben. Wann wir Hilfe brauchen, spüren wir, wenn wir die eigenen Räume und Grenzen achten. Damit einher gehen ein gutes Körper- und Bauchgefühl sowie die Wahrnehmung, wenn wir aus unserer Mitte geraten sind, und was wir brauchen, um wieder in Balance zu kommen. Den Ausgleich zwischen Geben und Nehmen zu beachten, schützt unseren Energiehaushalt. Glücklich ist die Erzieherin, die in ihrer Aufgabe eine wahre Berufung gefunden hat (vgl. ebd.).

Eine gute Beziehung zum eigenen Selbst zeigt sich darin, dass wir ein stabiles Selbstwertgefühl haben, auch wenn uns etwas misslingt oder wir frustriert sind. Unangenehme Gefühle greifen unsere Identität und das Selbst nicht an. Die gute Beziehung kann gepflegt werden, indem man bewusst aus seinen individuellen Selbstwertquellen schöpft.

Praxisübung

Aus welchen Selbstwertquellen schöpfe ich?

Liebe	Finanzen	Literatur
Familie	Fähigkeiten	Fürsorge
Tiere	Körperpflege	Garten
Freunde	Gespräche	Sport
Kunst	Seinsvertrauen	Malen
Religion	Fantasie	Schwimmen
Spiritualität	Kreativität	Segeln
Erfolg	Talente	Töpfern
Hobby	Natur	Schach spielen
Bücher	Gemeinschaft	Sammeln
Musik	Stille	…

(vgl. Mannhard, A. (2019c): Ich bin mir wichtig. Die 8 Schlüssel einer glücklichen Erzieherin. Berlin: Cornelsen)

Das Selbst lässt sich vor allem im Loslassen und spontanen Tun entdecken und pflegen. Wovon träumen wir, wenn wir uns langweilen oder bei der Arbeit unterfordert fühlen? Welche Dinge wollten wir schon lange einmal anpacken? Mit magischer Kraft können wir uns auf kreative Spurensuche machen und uns von Frauen inspirieren lassen, um den Mut zu finden, unsere Vorhaben umzusetzen. Der Weg zum eigenen Selbst ist wahrlich nicht nur träumerisch, sondern er benötigt Anstrengungsbereitschaft und Disziplin. Mit einer dynamischen Entschlossenheit finden Mädchen und Jungs ihren Weg und können dabei von weiblichen Vorbildern lernen. Sind die Erzieherinnen in den Kitas kraftvolle Modelle, bringen sie Kindern bei, sich auf ihr Ziel zu konzentrieren und damit zu rechnen, dass sie es erreichen werden. Sie tun es aber nicht verbissen, sondern dynamisch und flexibel.

Was würden diese Powerfrauen einer Erzieherin raten? Oder: Berühmten Frauen in den Mund gelegt:

- *Kleopatra (Pharaonin)*: „Unterschätze deine Position nicht."
- *Murasaki Shikibu (Romanautorin)*: „Schreibe einen Blog zu deinen Erfahrungen".
- *Ada Lovelace (Computergenie)*: „Denke grenzenlos ins Reich deiner Möglichkeiten".
- *Florence Nightingale (Begründerin moderner Krankenpflege)*: „Setze dich dafür ein, mit Herzblut bestehende Verhältnisse zu verbessern".
- *Emmeline Pankhurst (Frauenrechtlerin)*: „Tritt für deine Rechte ein. Rede nicht, handle".
- *Virginia Woolf (Schriftstellerin)*: „Es gibt keinen Grund, dass du dich übermäßig anstrengst, sondern nimm dich an, wie du bist. Es gibt keinen Grund, zu blenden, oder dass du jemand anderer sein willst, als die, die bist."
- *Frida Kahlo (Malerin)*: „Zeige der Welt, wer du bist".

- *Jane Goodall (Schimpansen-Expertin)*: „Wenn jemand anderer Meinung ist als du, höre erst einmal zu. Wenn du dann aber immer noch der Meinung bist, dass du Recht hast, habe den Mut, zu deiner Meinung zu stehen."
- *Junko Tabei (Extrembergsteigerin)*: „Gib nicht auf, bevor du dein Ziel erreicht hast, und wenn du es erreicht hast, sei stolz auf dich."
- *Michelle Obama (ehemalige First Lady der USA)*: „Mach dein Ding zu deiner persönlichen Sache, und sorge dafür, dass sich etwas ändert."
- *Judit Polgár (Schach-Großmeisterin)*: „Erfolg ist keine Frage des Geschlechts, sondern der Intelligenz."

(vgl. Mannhard, A. (2019b): Weiblich führen in der Kita. Berlin: Cornelsen, S. 106–107)

Das Selbst der Mädchen muss und soll sich nicht dem von Jungs angleichen, sondern es kann auf eigene Weise gelebt werden und umgekehrt. Wichtig ist, dass Kinder erleben, dass sie Ängste haben, sich aber nicht von ihnen beherrschen lassen. Angst sollte niemanden davon abhalten, das zu tun, was man gerne tun möchte. So kann man in der Pädagogik Kindern gemäß ihren individuellen Interessen die nächsten Entwicklungsschritte zumuten und ihnen vertrauen, dass sie ihren Weg machen. Dann lernen Kinder, ihren Fähigkeiten zu vertrauen, und sie lernen es mit Leichtigkeit. Wenn sie Misserfolge haben, stehen sie wieder auf und machen weiter. Diese Kraft und das daraus resultierende Glück, wenn man das erreicht hat, was man möchte, lassen sich teilen und dadurch verdoppeln. Eine gute Beziehung zum eigenen Selbst bedeutet, sich wohl in seiner Haut zu fühlen und zu wissen, dass man sich selbst genug ist. Denn sein Selbst hat man immer.

Praxistipp

Zur Selbstklärung kann man sich fünf einfache Fragen stellen:

1. Wer bin ich?
2. Was macht mich aus?
3. Was will ich?
4. Was unterstützt mich dabei?
5. Wie fühle ich mich, wenn ich mein Ziel erreicht habe?

Die Glaubenssätze

Ich bin ich, dazu stehe ich.
Meine Mutter hat mir beigebracht, immer zu sagen, was ich denke.

Haley, 10 Jahre (in Parker 2018, S. 253)

Unsere Selbstsicherheit und Selbstwirksamkeit sind eng verbunden mit dem, was wir über uns glauben. Glaubenssätze sind die eigenen Überzeugungen über sich selbst und die Grundlage unseres Verhaltens. Es ist ganz einfach: Denken wir negativ über uns, glauben wir, dass wir nicht gut und wertvoll genug sind; denken wir positiv, erleben wir uns als wichtig, willkommen und kompetent. Manche unserer Überzeugungen sind uns bewusst und offen zugänglich, andere sind verdeckt. Wenn es negative sind, sollten sie von uns enttarnt werden, damit sie ihre hindernde und selbstbeschränkende Wirkung verlieren. Negative Glaubenssätze können aktiv von uns verwandelt werden, wie eine nachfolgende Übung zeigt.

Praxisbeispiel

Frau Wald war als Kind ein echter Forschergeist in Windeln und interessiert an allem. Sie mochte andere Menschen, und als sie sprechen konnte, ging sie offen auf sie zu. Ihre Eltern unterbanden die kindliche Neugier bald mit der Bemerkung, das täte man nicht und sie würde andere stören. Vermutlich hatten sie Sorge, dass ihre Tochter mit ihrer kindlichen Offenheit einmal an die falsche Person geraten könnte. Sie zog sich zurück in ihre eigene Forscherwelt, kommunizierte weniger mit Fremden und wurde von ihren Eltern dafür gelobt. Als Frau Wald die Ausbildung zur Erzieherin abschloss und das erste Jahr in einer Kita arbeitete, bekam sie von mehreren Eltern die Rückmeldung, sie würde sich nicht für die Familien interessieren, weil sie keine Fragen zum Kind stelle und sich nicht einmal länger mit ihnen unterhalte. In einer Supervision fand Frau Wald heraus, dass es kein Desinteresse war, das sie zu diesem Verhalten brachte, sondern der Glaubenssatz ihrer Kindheit, sie würde mit Fragen und Gesprächen stören. Als sie diesen Zusammenhang entdeckte, konnte sie den Glaubenssatz loslassen und in eine offene Kommunikation mit den Eltern der Kita eintreten.

Wer wohnt da in meinem Kopf?

Über positive Gedanken, die uns aufbauen und motivieren, können wir uns freuen. Es gibt aber manchmal leider auch Bewohner in unserem Kopf, die uns destabilisieren und entmutigen. Es kann sein, dass in jeder dieser Botschaften ein Körnchen Wahrheit steckt, aber in aller Regel flüstern uns unangenehme Kopfbewohner falsche und belastende Informationen ins Ohr. Schauen wir uns diese Zeitgenoss*innen einmal genauer an: Was sprechen sie zu uns? Und ergibt es Sinn, was sie sagen?

1. Die Angstmacherin

Ständig droht sie mit Katastrophen, die eintreten könnten, wenn wir nicht dieses und jenes beachten oder tun. Im Geheimen will sie uns vermitteln, dass wir grundsätzlich Angst vor der Zukunft haben oder zumindest unsicher sein sollten.

Ist da was dran? Vielleicht lautet das Körnchen Wahrheit: Stimmt, wir können nicht in die Zukunft schauen, und vielleicht passiert etwas, das wir so nicht beabsichtigt haben oder wollten. Heißt: Wir können nicht alles kontrollieren und haben nur begrenzt Einfluss auf unsere Zukunft, andere spielen das Spiel auch noch mit. Aber: Wir können zu einem angemessenen Teil unsere Zukunft selbst wirksam gestalten! Wir sind ihr nicht bedingungslos ausgeliefert, wir entscheiden, wie wir mit den Dingen, die (uns) geschehen, umgehen.

2. Die Hexe

Die Hexe ist eine böse Frau (es kann natürlich auch ein Mann sein), die nur unsere negativen Seiten aufzeigt und pausenlos darauf herumreitet. Im Geheimen will sie uns Selbstabwertung oder sogar Selbsthass beibringen.

Ist da was dran? Nein, absolut gar nichts! Kein Mensch kann so schlecht sein, wie die Hexe es uns weismachen will. Es lohnt sich nicht, ihr weiter zuzuhören!

3. Die Nörglerin

Sie spielt für ihr Leben gerne die Oberlehrerin, kritisiert an uns herum und macht uns Vorwürfe, weshalb wir nicht dieses oder jenes getan oder gesagt haben. Im Geheimen schürt sie Angst vor der Zukunft und ist permanent auf Fehlersuche. Damit flötet sie uns Schuldgefühle ein.

- Meine Gedanken gehen häufig nur in eine Richtung.
- Ich leide unter Stimmungsschwankungen.
- Ich bin häufig mutlos.

Praxistipp

Übungen zur Verbesserung der Körperwahrnehmung, mentales Training, Selbstbestärkung durch Aktivitäten, die man gut kann und gerne macht.

Verantwortungsübernahme
Fehlende Selbstverantwortung hängt eng mit der Opferrolle zusammen. Man schreibt ausschließlich anderen oder den Umständen die Ursachen für Schwierigkeiten zu, weshalb man auch nicht sieht, was man selbst beitragen kann, um eine Situation zu verbessern. Wenn einer der folgenden Punkte zutrifft, lohnt es sich, an diesem Resilienzfaktor zu arbeiten:

- Ich fühle mich häufig ohnmächtig und hilflos.
- Ich sehe andere als schuldig an.
- Ich beschwere mich öfter über bestimmte Situationen.
- Andere sagen mir, dass ich zu viel jammere und nichts verändere.
- Ich kann schwer Nein sagen.

Praxistipp

Da mit dieser Haltung meist eine aktive Lebensgestaltung vermieden wird, lohnt es sich, nicht nur nach dem Preis einer Veränderung zu fragen, sondern vor allem nach dem Nutzen, den man dadurch hat. Mentales Training hilft, eine Distanz zu Situationen herzustellen und klarere Entscheidungen zu treffen. Die Leitfrage ist dabei: „Was habe ich in der Hand?" (Und nicht: Was hat mich in der Hand?)

Optimismus
Wir bewerten Situationen und Hindernisse unterschiedlich und sind dabei frei, ob wir die Dinge vorrangig aus einer negativen oder positiven Perspektive beurteilen. Wer sich positiv einstimmt – denn unsere Gedanken machen unsere Gefühle –, hat Selbstvertrauen und meist auch eine gut entwickelte Selbstwirksamkeit. Wenn einer der folgenden Punkte zutrifft, lohnt es sich, an diesem Resilienzfaktor zu arbeiten:

- Ich betrachte die Dinge häufig negativ.
- Manche Menschen erinnern mich daran, dass das Glas nicht halb leer, sondern halb voll ist.
- Ich verwende häufig Worte wie „immer", „jedes Mal" oder andere ausschließliche und absolute Begriffe.
- Man hat mir schon gesagt, dass ich die Dinge und / oder Menschen (zu) schnell bewerte.

Praxistipp

Abends in ein Tagebuch schreiben, wofür man an diesem Tag dankbar war. Sich ab und an bewusst eine rosarote Brille aufsetzen. Sich mit Menschen umgeben, die einen inspirieren.

Lösungsorientierung

Probleme enthalten Lösungen, das ist die Sicht des lösungsorientiert Denkenden. Oder: Es gibt immer mindestens zwei Lösungen (und die dritte ist der Humor). Hier werden auch mal ungewohnte Denkweisen eingenommen oder man hält aus, dass die Dinge vielschichtig und mehrdeutig sind. Wenn einer der folgenden Punkte zutrifft, lohnt es sich, an diesem Resilienzfaktor zu arbeiten:

- Ich konzentriere mich stark auf Probleme.
- Mir ist das Festhalten an äußeren Formen sehr wichtig.
- Ich habe hohe Erwartungen.

Praxistipp

Pippi Langstrumpf lesen – welche Ideen sind hier versteckt, die sich durchaus auf das Problem anwenden lassen? Überlegen, wie ein erster Schritt vom Problem zur Lösung aussehen könnte. Sich fragen, was man tun würde, wenn es das Problem nicht gäbe.

Gelassenheit

Eine gelassene Haltung setzt Akzeptanz voraus: gegenüber mir selbst, gegenüber der Realität und dass man auf gute Ergebnisse warten kann. Und manchmal akzeptiert man, die Dinge zu nehmen, wie sie sind, und eben seine Einstellung zu ihnen zu ändern, wenn man sie nicht verändern kann. Man kämpft gegen Unabänderliches nicht an. Wenn einer der folgenden Punkte zutrifft, lohnt es sich, an diesem Resilienzfaktor zu arbeiten:

- Ich bin sehr ungeduldig.
- Ich möchte immer die Kontrolle haben.
- Manche sagen, ich sei eine Nörglerin.
- Ich denke viel über die Vergangenheit nach.
- Ich kämpfe gegen vieles.
- Ich will manchmal nicht glauben, was hier los ist.
- Ich nehme nichts als gegeben hin.

Praxistipp

Sich an seine Stärken erinnern und sie aufschreiben. Die Kehrseite der Medaille betrachten. Entspannungs- und Achtsamkeitsübungen durchführen.

Beziehungspflege
Soziale Beziehungen sind auch im Beruf sehr wichtig. Wer gute Netzwerke hat, kommt weiter, und sie bieten Unterstützung. In der Beziehungspflege ist Empathie wichtig, und dass man andere nicht nur kontaktiert, wenn man Probleme hat. Sozial flexibel und erfolgreich ist der, der sich in unterschiedlichen Kontexten sicher bewegt. Wenn einer der folgenden Punkte zutrifft, lohnt es sich, an diesem Resilienzfaktor zu arbeiten:

- Ich habe keine guten Beziehungen (auf der Arbeit).
- Ich setze große Ansprüche an andere.
- Ich sage meine Kritik unverblümt.
- Manche Menschen sagen, ich könne gut austeilen, aber schlecht einstecken.
- Ich rechne lieber mit dem Schlechten, dann werde ich nicht enttäuscht.
- Wer vertraut, wird nicht selten verraten.
- Ich werde oft ausgenutzt.

Praxistipp

Reflektieren, mit wem man den Kontakt erweitern oder neu aufnehmen will. Überlegen, welche Netzwerke für die eigene berufliche Weiterentwicklung interessant sein könnten. Darauf achten, dass Geben und Nehmen im Ausgleich sind.

Positive Ausrichtung auf die Zukunft
Ziele und Träume leiten wie ein roter Faden durch unser (Berufs-) Leben. Wer sich dafür öffnet, handelt absichtsvoll und in sinnvollen Schritten. Wenn einer der folgenden Punkte zutrifft, lohnt es sich, an diesem Resilienzfaktor zu arbeiten:

- Ich denke viel an die Vergangenheit.
- Ich werde von Schwierigkeiten überrascht, ich habe sie nicht vorausgesehen.
- Ich bin nicht planvoll und organisiert.
- Ich erwarte das Scheitern einer Idee und / oder eines Plans.

Praxistipp

Einen Meilensteinplan im Hinblick auf ein größeres Ziel entwerfen. Eine Sonne der eigenen Werte gestalten. Biografien erfolgreicher und / oder interessanter Menschen lesen.

Praxisübung

Auf einer horizontalen Linie kann man eine Einteilung von 0–10 in Ziffern gestalten und gemäß der jeweiligen Zahl eintragen, welcher Resilienzfaktor wie ausgeprägt ist. Beispiel: 5 Optimismus, 8 Beziehungspflege, 10 Lösungsorientierung … Diese Übung macht deutlich, wo man sich aufgrund der Skalierung von 0 (nicht vorhanden) bis 10 (sehr gut ausgeprägt) mit seiner Resilienz befindet, und welche einzelnen Faktoren ausbaufähig sind.
Daraus abgeleitet trifft man eine Entscheidung, an welchen Faktoren man arbeiten möchte, um seine Resilienz im Alltag zu stärken. Dabei helfen:

- Mit einer ausgewählten Person als Begleitung arbeiten und eine konkrete Zielvereinbarung abschließen. Die Person unterstützt bei der Zielerreichung.
- Sich feste Termine im Kalender für die Umsetzung reservieren.
- Ein Symbol, ein Sinnbild und einen Slogan für das Ziel finden.
- Einen Brief an sich selbst schreiben und sich Mut und Zuversicht zusprechen, das Ziel zu erreichen.

Bei einer strukturierten Herangehensweise können die folgenden Leitfragen helfen:

- Was will ich konkret tun, um meinen Resilienzfaktor X zu stärken?
- Was könnte mich daran hindern?
- Was kann ich tun, wenn diese Hindernisse auftreten?
- Wann, wo, wie und gegebenenfalls mit wem mache ich den ersten Schritt?
- Welche Ressourcen helfen mir bei der Umsetzung und Zielerreichung?

Praxistipp

Allgemeine Faktoren, um die eigene Resilienz zu stärken, sind zum Beispiel in soziale und partnerschaftliche Beziehungen zu investieren, genügend Schlaf und Bewegung, eine gesunde Ernährung, Freude und Spaß fördern, gute Gespräche führen, sich entspannen oder Sport treiben, die Natur genießen, Sinn und Spiritualität entdecken, sich bei Problemen Hilfe suchen, kreativ sein, etwas ganz Neues lernen, auch mal was Verrücktes tun.

Die Kraft-Killer

Starke Mädchen verlieren nie.
Sie lernen nur dazu und werden noch stärker.

Kylie, 12 Jahre (in Parker, K.T. (2018): Wilde Mädchen. Am schönsten sind wir, wenn wir niemandem gefallen wollen. München: mvg Verlag, S. 240)

Was steht dem entgegen, dass wir mit Selbstvertrauen und Selbstbewusstsein unsere Meinung vertreten und eine uns eigene Haltung finden und bewahren? Was machen wir, wenn Selbstzweifel uns plagen? Wenn Mädchen zu wenig kraftvolle weibliche Vorbilder haben, fühlen sie sich schnell verunsichert, wenn ihre Meinung oder ihre Wünsche von anderen abweichen. Sie werden immer noch – anders als Jungs – häufiger dazu erzogen, vor allem nett, anpassungswillig und gefällig zu sein. Im Beruf sind sie dann als Frauen gegenüber Autoritäten unsicher oder setzen sich bei selbstsicheren Menschen innerlich in ein schlechteres Licht. Damit einhergehen können eine gesteigerte Redeangst, vor allem vor mehreren Menschen, und die Neigung, sich nicht einzubringen, wenn man etwas nicht hundertprozentig weiß, aus lauter Angst, Fehler zu machen. Der weibliche Perfektionismus kann mit Narzissmus einhergehen, wie Bärbel Wardetzki weiß. Im Interview sagt sie, dass Frauen, wenn sie mit einem Minderwertigkeitsgefühl behaftet sind, die Kraft anderer Frauen nicht gerne zum Vorbild nehmen, sondern dass die Leistungen solcher Frauen sie geradezu in eine innere Not bringen. Demnach könne die eigene Leistung im Vergleich gar nicht mehr gut sein (Wardetzki in Mannhard, A. (2019a): Führen im Sandwich. Berlin: Cornelsen). Wenn Mädchen und Frauen nicht in ihrer eigenen Kraft sind, können sie schlecht Dinge ablehnen, die sie nicht wollen, und sie können nicht Nein sagen. Es entsteht ein innerer Wertekonflikt, weil sie doch eigentlich nett und gefällig sein sollen oder möchten, und sie haben Angst, dass sie durch ein Nein als Person abgelehnt und nicht mehr geliebt werden.

Das Opferland

Beim Fußball ist es nicht wichtig, schön auszusehen.
Man muss seine Tränen und sein Blut wegwischen, wird von den anderen im Team getröstet und kehrt so schnell wie möglich auf das Spielfeld zurück.

Jules, 9 Jahre (in Parker 2018, S. 80)

Wer sich in einer Situation oder generalisiert als Opfer erlebt, sieht eine Sache als ausweglos an und sich selbst als hilflos. Im Sinne der Transaktionsanalyse, in der jeder Mensch drei Ebenen seiner Persönlichkeit in sich trägt – das Eltern-Ich, Erwachsenen-Ich und Kind-Ich –, erlebt sich eine Frau immer noch vor allem aus dem Kind-Ich heraus. Das kann anerzogen und / oder selbst gewählt sein. Kleine Mädchen sind zunächst im positiven Sinne staunend, gutgläubig und unverstellt ehrlich bis naiv; werden sie aber nicht zu erwachsenen und später reifen Frauen, fühlen sie sich ihren Gefühlen und dem Handeln von anderen hilflos ausgesetzt. Das kann dazu führen, dass sie sich ohnmächtig fühlen, wenn sie sich dringend abgrenzen und durchsetzen sollten. Der Kontakt zu einem gesunden und kraftvollen Selbst konnte nicht entwickelt werden und Gefühle des Ärgers oder der Wut werden verleugnet, denn sie passen nicht in das Bild des netten, braven Mädchens.

Was hilft, um aus dem Opferland herauszukommen? Eins ist sicher, jammern und untätig sein nicht. Es hilft auch nicht, auf eine Rettung von außen zu warten, denn die kann nur von einem selbst kommen.

Wer untätig bleibt, hat sich mit der Situation arrangiert und will vielleicht auch gar nichts verändern. Stattdessen hilft, seine Einstellung oder Umgebung zu ändern beziehungsweise mindestens im Sinne seines Ziels zu beeinflussen. Beginnen wir mit der Umgebung: Was haben wir hier selbst in der Hand und was können wir künftig anders machen? Wenn Dritte an Situationen beteiligt sind, dürfte unsere Macht schnell ein Ende haben, denn nichts gestaltet sich schwieriger, als andere Menschen zu ändern. Davon unbenommen ist unsere Möglichkeit, andere auf ein unerwünschtes Verhalten hin konkret anzusprechen und ihnen mitzuteilen, was wir uns von ihnen stattdessen wünschen. Immer können wir jedoch unsere Einstellung ändern. Wenn wir zum Beispiel die mürrische Kollegin nicht freundlicher stimmen können, grenzen wir uns innerlich ab und sehen, dass die Unfreundlichkeit deren Problem und nicht unseres ist. Wenn wir mit der Philosophie des Trägers der Kita an manchen Punkten nicht einhergehen können, suchen wir uns Inseln, mit denen wir übereinstimmen und die uns unserer Tätigkeit mit Freude nachgehen lassen. Sollten alle Stricke reißen, haben wir immer noch die Möglichkeit, unsere Umgebung zu verlassen.

Praxisübung

Wir können mit den folgenden Aussagen und entsprechender Zustimmung unsere Einstellung zu uns selbst, zu Situationen und zu unserer Umgebung herausfinden und erkennen, wo wir uns zu sehr in eine Opferhaltung hineinbegeben.

- ☐ Ich rechtfertige mich häufig.
- ☐ Ich reagiere auf Kritik empfindlich.
- ☐ Ich helfe gerne.
- ☐ Ich bin bei der Arbeit darauf angewiesen, dass ich informiert werde.
- ☐ Ich gehe Problemen lieber aus dem Weg.
- ☐ Mir ist wichtig, dass alle zufrieden sind.
- ☐ Ich stelle Einzelinteressen im Sinne des Gesamtwohls zurück.
- ☐ Mir ist wichtig, dass alle sich an Regeln halten.
- ☐ Konflikte stören die Harmonie und Gemeinschaft.
- ☐ Mir reicht es, routiniert meinen Job zu machen.
- ☐ Ich muss das Rad nicht neu erfinden.
- ☐ Wenn jemand mal laut wird, vertraue ich ihm nicht mehr.
- ☐ Ich hänge einem Ärgernis lange nach.
- ☐ Vorgesetzte dürfen nicht kritisiert werden.
- ☐ Ich hoffe, dass meine Leistungen wahrgenommen werden.
- ☐ Jeder tut so gut wie er kann.
- ☐ Ich mag es nicht, mich hervorzutun.

© Auer Verlag

Welche Möglichkeiten wären in diesem Beispiel wahrscheinlicher und realistischer als eine von der Kollegin gegen Frau Schulz geplante Intrige?

- Die Kollegin musste aufgrund eines dringlichen anderen Anliegens kurz außer Haus und konnte deshalb nicht termingerecht bei Frau Schulz anrufen.
- Die Kollegin hat das Telefonat vergessen.
- Die Kollegin steckte bis über beide Ohren in Arbeit und wollte kurz frische Luft schnappen, bevor sie sich dem nächsten Anliegen widmet.
- Die Kollegin sah die Uhrzeit für das Telefonat nicht als verbindlich an, sondern nur den Tag.
- Die Kollegin wollte für das Telefonat noch ausstehende Informationen einholen.
- Die Kollegin kam nicht dazu, sich für ihre Pause etwas zu essen und zu trinken zu besorgen, und holte dies kurz nach.

Praxistipp

Das Problem beim Katastrophendenken ist so gut wie immer, dass es auf reinen Hirngespinsten beruht. Wer seine Gedanken regelmäßig so verzerrt, tut gut daran, der Ursache auf den Grund zu gehen und dieses Muster abzustellen. Wie gelingt das?

1. *Sich auf die Fakten der Situation konzentrieren*: Was ist tatsächlich geschehen? Was wurde konkret gesagt? Wer hat was konkret getan?
2. *Sich Unterstützung suchen*: Wer ist einem wohlgesonnen, mit dem man die Situation besprechen und nach Lösungsmöglichkeiten suchen kann? Wer hilft beim Entdramatisieren gut?
3. *Die Gedanken aufschreiben*: Wer sich sein Katastrophendenken notiert, statt es nur im Kopf zu bewegen, erkennt schneller, wie absurd einige Ideen sind.
4. *Sich Halt geben*: Eine Entspannungsübung, ein schönes Bild, ein beruhigender Stein, ein Spaziergang oder einfach eine Runde um den Block rennen kann einen wieder in die eigene Mitte bringen.
5. *Worst-Case-Szenario*: Nicht im Sinne des Katastrophendenkens, aber auf die Weise, sich auszumalen, was im schlimmsten Fall passieren könnte, und sich darauf mit realistischen Mitteln vorzubereiten, hilft, aus dem Kind-Ich wieder in das Erwachsenen-Ich zu kommen und selbstsicherer zu werden, um mit der Situation umgehen zu können. Dabei kann man sich vergegenwärtigen, wie man bislang schwierige Situationen gemeistert hat.

Praxisbeispiel

Frau Werner wird bald 50 Jahre alt und ist immer wieder in ihrem Beruf als Erzieherin unzufrieden. Eigentlich träumt sie davon, sich mit ihrem erfolgreichen Hobby, Töpferwaren herzustellen, mit einem eigenen Geschäft nebenberuflich selbstständig zu machen. Nach einer Beratung tut sie das auch und kommt nach einem Jahr erneut zu ihrem Coach. Jetzt klagt sie im Coaching darüber, dass ihre Idee zwar umsetzbar war und sie sogar schon Verkaufspersonal in Form einer Mitarbeiterin einstellen konnte, die die Ware auf Märkten anbietet, dass diese aber aus ihrer Sicht schlecht arbeite. Eigentlich wolle sie ins benachbarte Ausland expandieren und dort eine zusätzliche einheimische Kraft für den Verkauf der Ware auf Märkten einstellen. Dem Coach fällt auf, dass die bereits vor ihrer nebenberuflichen Selbstständigkeit sehr schlanke Dame noch mehr abgenommen hat. Sie erklärt dies auf seine Frage, was der Grund sei, mit permanentem Stress, und dies deshalb, weil sie das Gefühl habe, sie müsse selbst Bestleistung erzielen *und* ihre Mitarbeiterin ständig antreiben, damit diese die Mindestanforderungen erfülle. Auch privat ginge es ihr alles andere als gut und sie habe den Eindruck, dass ihre Kolleginnen in der Kita neidisch auf ihre erfolgreiche Nebentätigkeit seien. Sie stichelten immer wieder und die Teamatmosphäre sei getrübt. Ein paar Monate später hat Frau Werner tatsächlich mit einer weiteren Mitarbeiterin auch den Markt im Ausland mit ihren Waren besiedelt, ohne die Stunden ihrer Teilzeittätigkeit als Erzieherin zu reduzieren. Sie berichtet ihrem Coach, dass auch diese Expansion nur funktioniere, wenn sie der dortigen Mitarbeiterin ständig „in den Hintern tritt". Die Mentalität des Landes sei im Gegensatz zu der in Deutschland: „Komme ich heute nicht, komme ich eben morgen!" Das führe, neben zwischenzeitlich fehlender Anerkennung in ihrer Tätigkeit als Erzieherin, zu chronischem Druck und zu Unzufriedenheit wie zum Start ihrer Nebentätigkeit.

Dieses Beispiel macht deutlich, dass hier der Blick für das, was Frau Werner wirklich motiviert und zur Bestleistung bringt, verloren geht. Was ist es denn nun, das sie bewegt hat, sich neben der Tätigkeit als Erzieherin zu weiteren Pfaden aufzumachen? Und was interessiert sie wirklich an einem Ausflug ins benachbarte Ausland?

Praxistipp

Wenn wir in einer Situation chronisch unzufrieden sind, können wir uns fragen, wenn wir neue Impulse in uns bewegen, von denen wir eine Verbesserung unserer Situation erhoffen:

- Was will ich mit diesem Impuls wirklich?
- Ist er eine Laune oder entspringt er einem echten, in mir schlummernden Bedürfnis?
- Ist der Impuls ein ernst zu nehmendes Ziel, das einer Realitätsüberprüfung standhält?
- Erreiche ich durch die Verfolgung des Impulses eine echte Bereicherung für mein (Arbeits-) Leben?
- Wie fühle ich mich, wenn ich den Impuls in ein Ziel umgesetzt und dieses erreicht habe?
- Was wird mir dadurch in Zukunft besser gelingen?

Wenn wir uns selbst und / oder anderen ständig Druck machen, übersehen wir womöglich das echte dahinterliegende Bedürfnis, das uns dabei antreibt. Man verliert damit Zeit für Prozesse, in der reflektiert und in Ruhe entschieden werden kann, was es braucht, um zum Erfolg zu kommen. Was steckt hinter diesem hausgemachten Druck? Meist kompensieren wir mit Druck unerfüllte Bedürfnisse. Deshalb lohnt es sich, herauszufinden, wie diese aussehen und wie man sie erfüllen kann, ohne sich selbst und / oder andere unter Druck zu setzen. Denn: Druck setzt unter Stress und erzeugt Gegendruck.

Antreiber und Selbstverleugnung

Unsere Glaubenssätze können uns davon abhalten, uns selbst als wertvoll und in Ordnung anzusehen. So müssen wir immer noch mehr leisten, wir treiben uns ständig an und setzen uns unter Druck, mit dem Ergebnis, dass wir nie zufrieden sind und immer eine Differenz zwischen unseren Erwartungen an uns selbst und dem, was ist, besteht. Die inneren Antreiber sorgen dafür, dass wir uns selbst nie gut genug sind und uns letzten Endes verleugnen. Antreiber können sein:

- Sei gefällig!
- Sei perfekt!
- Sei schnell!
- Sei stark!
- Streng dich an!

(nach Kahler 1977 in Mannhard, A. (2019d): Das Kita-Team. Informationen und Praxistipps rund um Teamentwicklung, Teamführung und Teamgesundheit. Aachen: Ökotopia)

Praxistipp

Jeder innere Antreiber hat einen gesunden Kern, denn zum Beispiel ist es im Beruf wichtig, sich in Systeme einfügen zu können, seine Arbeit genau und zügig zu erledigen und eine angemessene Anstrengungsbereitschaft zum Erreichen seiner Ziele mitzubringen. Nur im übertriebenen Maß, das Druck- und Minderwertigkeitsgefühle auslöst, wirken Antreiber selbstverleugnend und selbstschädigend. Ein gesundes Maß lässt sich durch folgende Übungen finden:

- Sei gefällig! Herausfinden, wann man Ja sagt, wo man Nein meint, und sich im Nein sagen üben. Analysieren, was dahintersteckt, wenn wir nicht Nein sagen können, obwohl wir es wollen.
- Sei perfekt! Das Pareto-Prinzip anwenden: Herausfinden, welche Aufgaben wirklich wichtig sind, um unsere Ziele zu erreichen, und diese zuerst oder sogar ausschließlich erledigen. Wirklich wichtige Aufgaben machen nur 20 % aus, 80 % sind demnach weniger wichtige oder unwichtige Aufgaben, mit denen wir uns zu lange aufhalten und vielleicht auch auf dem Weg zum Ziel verzetteln (vgl. ebd., S. 68).
- Sei schnell! Öfter mal innehalten und Pause machen!
- Sei stark! Mit Körper- und Atemübungen immer wieder entspannen und loslassen. Sich bei Schwierigkeiten Unterstützung suchen.
- Streng dich an! Sich bewusst machen, dass Ergebnisse auch dann etwas wert sind, wenn sie leicht erzielt wurden. Sich neben Leistungen weitere Selbstwertinseln suchen, die einem die Gewissheit vermitteln, dass man auch ohne permanente Anstrengung ein wertvoller Mensch ist.

Im Alltag von Erzieherinnen fällt auf, dass manche Frauen sich schwertun, eine professionelle Distanz zu ihrem beruflichen Auftrag und zu ihrer Rolle einzunehmen. Sie sind übermotiviert, wenn sie sich zum Beispiel als Retterin in Sorgerechtsstreitigkeiten von Eltern einmischen oder generell den Eindruck haben, sie seien die bessere Mutter für ein Kind. Erzieherinnen fühlen sich manchmal schuldig, nicht genug getan zu haben, auch wenn sie bereits alles und vielleicht auch zu viel tun. Manche sind die Kümmerin für alle und jeden und schauen zu wenig auf sich selbst. Sie fühlen sich unentbehrlich und unersetzlich, ohne sie geht nichts. Und manche können schwer loslassen, Kontrolle abgeben und sich kollegial und auf Augenhöhe mit anderen bewegen, wenn sie sich zum Beispiel gegenüber anderen Erwachsenen ins Eltern-Ich begeben, entweder mit einem fürsorglichen Aspekt oder einem negativ kritischen.

Die echte intrinsische Motivation entsteht leicht und wir müssen uns nicht antreiben, motiviert zu sein. Wir sind es einfach, aus unserem Selbst heraus. Übermotivation ist aufgesetzt und übertrieben. Es ist von allem zu viel und wir verärgern andere damit, weil wir sie überfahren, bevormunden, bewerten oder eingrenzen. Hier lohnt es sich, dass Erzieherinnen spüren, wenn sie übermotiviert sind, und sich auf die eigenen Rollen wie Grenzen beziehen. Und sie sollten gut wahrnehmen, wann sie die Grenzen anderer überschreiten.

Die Modell-Verwandlung

Lass dir von niemandem einreden, du wärst unerwünscht oder würdest nicht dazugehören. Du kannst alles erreichen.

Valeria, 11 Jahre (in Parker, K.T. (2018): Wilde Mädchen. Am schönsten sind wir, wenn wir niemandem gefallen wollen. München: mvg Verlag, S. 13)

In den letzten Jahren wurde in verschiedenen Foren diskutiert, weshalb viele Mädchen, je älter sie werden, ein anfänglich vorhandenes Interesse am Forschen und Experimentieren und an sogenannten MINT-Bereichen (Mathematik, Informatik, Naturwissenschaften und Technik) immer mehr wieder verlieren. Es scheinen vor allem weibliche Vorbilder zu fehlen, die Mädchen ermutigen könnten, in diesen Bereichen ebenso gut wie Jungen zu sein, aber offenbar auch Praxiserfahrungen, Wissensvermittlung und Anwendungsmöglichkeiten im Alltag der Mädchen.

Betrachtet man die Welt der Kinderbücher in den letzten Jahren, fragt man sich, wo die Heldinnen aus der Zeit von Pippi Langstrumpf, der Roten Zora, von Momo und Ronja der Räubertochter geblieben sind. Gibt es einen echten Ersatz oder spielen weibliche kraftvolle Figuren, wenn überhaupt, in den meisten heutigen Büchern eher eine Nebenrolle?

Praxistipp

Es lohnt sich, einmal den Helden oder die Heldin aus Kindertagen in das heutige Leben einzuladen. Was kann er oder sie einem für das heutige Leben sagen? Wo braucht der Alltag mehr Farbe und Lebendigkeit? Wenn man eine Woche lang das tun würde, was der Figur aus Kindertagen Spaß gemacht hat, was würde dann passieren (vgl. Mannhard, A. (2018c): Was wir von MOMO lernen können oder Zeit ist Leben. In Praxishandbuch-Elementarpädagogik – Ausgabe 8, 12 / 2008, Kapitel 12. Kulmbach: MGO-Fachverlage., S. 23–24)?

Starke Mädchen in der Kita

Ich wollte meinen kleinen Bruder plattwalzen, aber Mama hat es verboten.

Syd, 8 Jahre (in Parker 2018, S. 62)

Was ist ein starkes Mädchen? Geht es bei der Stärke um die körperliche Kraft beim Fußball spielen, darum, einen Baum hochzuklettern oder jemanden zu treten? Oder geht es um soziale Aspekte, wenn ein Mädchen beliebt und hilfsbereit ist und Schwächere unterstützt? Oder sind die innere und äußere Freiheit, mit der es die eigenen Interessen verwirklichen kann, gemeint? Vermutlich würden verschiedene Mädchen auf die Frage, was sie stark macht oder warum sie stark sind, unterschiedliche und individuelle Antworten geben. In der sogenannten genderbewussten Pädagogik ist das Ziel, „[…] *Kinder – jenseits von Geschlechterklischees – in ihren individuellen Interessen und Fähigkeiten zu fördern. Es geht darum, sie bei der Ausgestaltung ihrer individuellen Geschlechtsidentität zu unterstützen – unabhängig von den jeweils herrschenden Vorstellungen vom 'richtigen Mädchen' oder 'richtigen Jungen'. Geschlechterbewusste Pädagogik beruht auf einer Haltung, die auf der Anerkennung vielfältiger Lebensweisen basiert und Chancengerechtigkeit und Inklusion betont*" (Focks, P. (2016): Starke Mädchen, starke

Jungs. Genderbewusste Pädagogik in der Kita. Freiburg: Herder, S. 12). Wenn eine Kita genderbewusst arbeiten möchte, achten die Fachkräfte beispielsweise darauf, Räume, Spielbereiche, Spielmaterialien und Angebote nicht geschlechtsspezifisch auszuwählen und auszustatten, und sie legen Mädchen auch nicht auf äußere Attribute wie ein schönes Kleid oder eine interessante Frisur fest. Sie lassen die Kinder bewusst experimentieren und ermuntern Mädchen und Jungen, auch Tätigkeiten auszuüben, die üblicherweise dem anderen Geschlecht „zugeschrieben werden". Sie laden zum näheren Kennenlernen Eltern aus Berufen ein, die man dem anderen Geschlecht zuordnen würde, zum Beispiel einen Vater, der Florist ist, und eine Mutter, die LKW fährt.

Praxisübung

Es ist spannend, sich vor dem Hintergrund der eigenen Biografie damit auseinanderzusetzen, wie man als Kind war, und wie man im Hinblick auf bestimmte Aspekte heute agiert und empfindet:

- Wie sah ich als Kind aus, was mochte ich und was nicht, womit habe ich gerne gespielt, mit was habe ich mich beschäftigt, was hat mich interessiert?
- Wie habe ich mich in meinem Geschlecht erlebt, fand ich das stimmig oder wäre ich lieber ein Junge gewesen? Falls ja, weshalb? Was wurde mir als Mädchen verwehrt?
- Welche Erwartungen stellten meine Bezugspersonen aufgrund meines Geschlechts an mich?
- Gab es Vorteile, Stärken und Besonderheiten aufgrund meines Geschlechts, die ich genoss?
- Gab es Kränkungen und Verletzungen aufgrund meines Geschlechts?
- Bin ich heute gerne eine Frau?
- Was macht Frau sein für mich aus?
- Wäre ich gerne eine andere, und wenn ja, welche?
- Was kann ich aufgrund meines Geschlechts heute besonders gut und wo genieße ich Vorteile und Chancen?
- Was lerne ich von anderen Frauen?
- Wann erlebe ich Frauen als schwach, negativ und behindernd?
- Was möchte ich für mich in meinem Arbeitsleben verändern?
- Wie möchte ich die Mädchen in der Kita stärken?

(vgl. ebd., S. 25–26; Mannhard 2018c)

Bei der Entwicklung der eigenen Stärke helfen ein gutes Körpergefühl und das Vertrauen in die eigenen intellektuellen und emotionalen Fähigkeiten. Wer sich gerne und zielsicher bewegt, sich körperlich im Hinblick auf die eigene Leistung fordert und auch spielerische Zugänge zum Körper entwickelt, wie zum Beispiel im Tanz, ist gut ausgerüstet. Bei der intellektuellen Entwicklung ist es wichtig, die eigenen Interessen und Neigungen herauszufinden und ihnen nachzugehen, um sie auszubauen. Auch Mädchen können Mathe und Jungs lesen gerne, und es gibt, sehr erstaunlich, unter den Sterneköchen mehr Männer als Frauen. Wenn Erzieherinnen die Kreativität von Mädchen fördern, machen sie sie stark. Wer kreativ ist, kann etwas aus ganz unterschiedlichen Blickwinkeln betrachten und sich fragen, was er daraus machen kann. Er oder sie wird zum Gestaltenden und erfährt Selbstwirksamkeit. Den eigenen Gefühlen angemessen Ausdruck zu verleihen und gegenüber anderen empathisch zu sein, ist stark.

Praxistipp

Petra Focks empfiehlt, zu Geschlechterstereotypen Experimente mit den Kindern der Kita durchzuführen. So können Erzieherinnen Projektideen zu Aussagen der Kinder entwickeln, zum Beispiel: „Mädchen sind schlau und Jungs sind stark" (vgl. Focks 2016, S. 174).

Lillifee und Räuberlilli

Mein Vater hat mich, schon als ich ganz klein war, auf Wanderungen mitgenommen. Kein Telefon. Niemand, der „Pass auf!" sagt. Ganz allein streifen wir durch den Wald, campen und reden über alles Mögliche. Das mache ich auf dieser Welt am liebsten.

Emma, 11 Jahre (in Parker 2018, S. 240)

Lillifee ist besonders vor Feiertagen ein echter Absatzschlager in Buchhandlungen und es springt einem die Farbe Rosa samt unglaublich viel Glitzerndem geradezu ins Auge. Ist sie damit eine solide Heldin, ein Vorbild für Mädchen und vielleicht auch für Jungs? Wohl kaum, wenn man davon ausgeht, dass ein gutes Kinderbuch vor allem Mut, Eigensinn, Witz, Selbstständigkeit und Anarchie benötigt. Nehmen wir ein beliebiges Beispiel: Was tut Lillifee, womit beschäftigt sie sich? Sie will mit ihren Freunden Blumenkränze flechten. Da winken ihre männlichen Freunde schon mal gelangweilt ab, denn was hat Flechten mit echten Abenteuern zu tun? Sie wollen lieber tauchen gehen. Bezogen auf Märchen spinnen und weben russische Märchenheldinnen im Vergleich zu deutschen nicht, sondern sie gehen auf die Jagd, lernen reiten und schießen. Was ist wohl spannender?

Welches Ziel verfolgt Lillifee? Wer den schönsten Kranz flechtet, bekommt von ihr ein Eis. Somit soll Schönheit im Mittelpunkt des weiblichen Ziels stehen, das vermittelt uns Lillifee. Dieses Ziel wird nicht nur anhand des eigenen Schaffens eines Blumenkranzes betont, sondern auch in der Begegnung Lillifees mit einer anderen *kleinen* Fee, die ein „wunderschönes Sternenkleid" trägt. Dieser Fee zaubert Lillifee eine rosafarbene Glitzerwolke. Erreicht Lillifee ihr Ziel? Ihr eigener Kranz sieht anscheinend ungenügend aus und sie ist von dem Ergebnis frustriert. Auch ihre Freunde haben wenig Lust und Motivation für diesen „Auftrag", den sie maximal für ein Eis umsetzen wollen. Wo bleibt die intrinsische Motivation, die doch viel tragfähiger als eine kurzfristige Belohnung ist, und aus der heraus Kinder und diese später als Erwachsene sich eigene Ziele setzen und sie interessengeleitet verfolgen und erreichen? Lillifee schätzt das Ergebnis ihrer Bemühungen nicht selbst ein. Sie ist unsicher und lässt ihren Kranz von ihren Freunden bewerten.

Wie geht Lillifee mit der erlittenen Enttäuschung und Frustration durch die Fremdbeurteilung um? Sie fliegt mit einem Pferd davon. Neben dem, dass hier Illusionen bis Realitätsverleugnung aufgebaut werden, da ein Pferd nun mal nicht fliegen kann, was auch jedes Kind weiß, kommt Lillifee also nicht aus eigener Kraft aus ihrer erlebten Schwächung heraus. Sie irrt, vergleichbar mit Märchen mit schwachen Frauenfiguren, irgendwo herum, und wartet auf eine Art Erlösung von außen (vgl. Mannhard, A. (2019b): Weiblich führen in der Kita. Berlin: Cornelsen).

Die eigentliche Aussage des beispielhaften Buches kreist nach dem gerade beschriebenen Auftakt um einen *kleinen* Stern, der sich versteckt und gefunden werden will, also die Erlösung von außen statt aus eigener Kraft erwartet. Die Quintessenz der Geschichte dürfte darauf reduziert werden können, dass seinen Platz im Leben zu finden bedeutet, nach einer Erlösung rosa zu leuchten und zu glitzern (vgl. Nuppeney, B. (2018): Prinzessin Lillifee und der verlorene Stern. Münster: Coppenrath). Ob Mädchen und Frauen so ihren Lebensweg mutig und selbstbestimmt entsprechend ihrer Fähigkeiten und Talente finden und gehen können? Wohl kaum!

Praxistipp

Wer der rosaroten Lillifee mit ihrem Glitzer, ihrer Unsicherheit und ihrer Hoffnung auf eine Rettung von außen etwas Handfestes entgegensetzen möchte, kann mit dem Buch „Die entführte Prinzessin" von Karen Duve (Duve, K. (2005): Die entführte Prinzessin. Berlin: Galiani) Figuren kennenlernen, die sich in der Problembewältigung persönlich weiterentwickeln.

Eine ganz andere Lilli ist die kleine Räuberlilli, die mit ihrem Räubervater zusammenlebt, da die Mutter sich aus dem Staub gemacht hat. Er erzieht seine Tochter zum Wildsein, Räubern und sich lautstark durchsetzen. Das Schönste ist für Lilli, wenn sie mit dem Vater in den Wald geht, am Lagerfeuer Speck brät und Räuberlieder singt. Auch den geheimnisvollen Geschichten, bei denen der Vater eine ganze Menge hinzudichtet, lauscht sie für ihr Leben gerne. Ordnung ist nicht erwünscht im Heim der beiden, es wird statt im Bett in einer Betthöhle geschlafen und mit den Händen gegessen. Auch das Waschen der Kleidung und des Körpers steht nicht ganz oben auf der Liste der Lieblingstätigkeiten.

Räuber sind autark und tun, was sie wollen, das vermittelt Räuberlilli. Lilli entwickelt eine intrinsische Motivation, denn eigentlich möchte sie entgegen des Verbots des Vaters zur Schule gehen und das beste Schulmädchen werden. Auch träumt sie ab und zu von Blumenkleidern, einer Puppe und davon, dass sie sich mit den schönsten Seifen wäscht. An ihrem Räuberdasein gefallen ihr vor allem das Anpirschen, Erschrecken anderer Leute, Klettern und Brüllen, das Räubertraining also. Sie gewinnt einen Freund und bringt ihm das Räubern bei, wofür er ihr und dem Vater seine Welt zeigt, in der man mit Messer und Gabel isst und sich etwas schenkt, was bei Räubern verpönt ist.

Es fällt auf, dass Lilli in der vom Vater dominierten Welt ohne weibliche Aspekte ihr Bedürfnis nach Sauberkeit, Schönheit und eher sanften Gefühlen, wie die Mutter zu vermissen oder sich zu freuen, wenig leben darf. Nur wütend darf sie sein, ein Gefühl, das Mädchen häufig verboten wird. Als Frauen fällt es ihnen später schwer, ihren Ärger oder gar ihre Wut wahrzunehmen und einzuordnen, wodurch solche Emotionen als unangenehm erlebt und abgewehrt werden. Sie suchen sich dann indirekte Wege des Ausdrucks, wie zum Beispiel Sticheln, Jammern oder krank werden. Lilli nimmt die Dinge aber in die Hand. Sie schafft es, den Vater von ihren auch weiblichen Bedürfnissen zu überzeugen und mit dem Ausruf: „Ho Lehrer! Her mit dem Wissen!", auch zur Schule zu gehen. Es gelingt ihr, ihren eigenen Weg zu gehen, aus eigener Kraft selbst gesetzte Ziele zu verfolgen und zu erreichen, und die vermittelten Werte des Vaters in ihr Leben zu integrieren und wertzuschätzen (vgl. Wagner, A. & Wewer, I. (2011): Die kleine Räuberlilli. Stuttgart/Wien: Planet Girl Verlag).

Praxistipp

Schwache Frauenfiguren in Kinder- und Jugendbüchern stellen keine Modelle weiblicher Kraft und damit keine guten Vorbilder für Mädchen dar. Helma Sick, Finanzexpertin für Frauen, spricht im Interview mit der Autorin von klassischen Frauenfallen. Diese seien der längere Ausstieg aus dem Beruf bei der Geburt eines Kindes, womit sie den Anschluss verlieren, oder das Arbeiten in Teilzeit oder gar nur einem Minijob, mit dem sie ihre Rente gefährden bzw. mindern. Eine klassische Falle sei auch, sich auf einen Mann als Altersvorsorge zu verlassen. Wird die Ehe geschieden, was bei einer Vielzahl Verheirateter der Fall ist, stehen die Frauen ohne eine ausreichende Rente da. Diesen Denkfallen würden auch heute noch junge Frauen unterliegen. Sie verlassen sich immer noch auf den Ehemann und verzichten auf eine rechtzeitige eigene Altersvorsorge. Als Begründung sagt Frau Sick, dass alte Rollenmuster immer noch wirken. Aus diesem Grund hat sie den Finanzratgeber „Clever anlegen" für junge Frauen im Diana-Verlag veröffentlicht (vgl. Mannhard, A. (2013): Meine eigene logopädische Praxis. Tipps und Gespräche zu Existenzgründung und Praxisführung. Stuttgart: Thieme, S. 84–95).

Greta – Moderne Pippi Langstrumpf

Es fing alles mit einem Schild vor dem schwedischen Reichstag an, auf dem stand: „Schulstreik für das Klima". Die Aktion der damals 16-jährigen Greta wurde zum Auftakt einer Massenbewegung, an die sich nicht nur Jugendliche, sondern auch Erwachsene angeschlossen haben, und Greta wurde eine Gallionsfigur für den Weltklimagipfel. Greta Thunberg ist die Begründerin der „Fridays for Future"-Bewegung. Man kann sagen, dass sie die Welt verändert hat. Sie ist ein echtes, außerordentlich kraftvolles Mädchen der heutigen Zeit, während Pippi Langstrumpf eine Kunstfigur ihrer Zeit war. Greta hat hartnäckig und mit Durchsetzungsstärke erreicht, dass der Klimaschutz konsequent in die Tagespolitik zurückgeholt wurde, und dass sich Erwachsene nicht mehr aus der Verantwortung für nachfolgende Generationen nehmen können. Interessant ist die Grenzenlosigkeit ihres Engagements, denn was anfangs im Heimatland begann, beschäftigt zwischenzeitlich die ganze Welt. Greta Thunberg hat das Asperger-Syndrom, womit sie ihr spezifisches Interesse erklärt, aber auch ihre Fähigkeit, sich dauerhaft und sehr konsequent auf eine ihr wichtige Sache fokussieren zu können. Und es gelingt ihr, andere mit ihrer Überzeugung anzustecken. *„Sie habe vor nunmehr sechs Jahren begonnen, sich mit dem Klimawandel zu befassen und ihr Interesse habe in der Zwischenzeit nicht nachgelassen, im Gegenteil, sie habe in dieser Zeit aufgehört, Fleisch zu essen und kaufe nur noch das, was unbedingt nötig sei. Außerdem habe sie seit dem Jahr 2015 kein Flugzeug mehr bestiegen, ihre Mutter habe sich das ein Jahr später zum Vorbild genommen und auf diese Weise ihre internationale Karriere aufgegeben. […] Gretas Familie habe nicht zuletzt auf ihre Initiative hin damit begonnen, daheim Solarmodule zu installieren, und baue inzwischen ihr eigenes Gemüse an. Die Familie besitze zwar ein umweltfreundliches Elektroauto, doch selbst das werde inzwischen nur noch dann genutzt, wenn es unbedingt nötig sei"* (Partanen, A. (2019): Greta. Ein Mädchen verändert die Welt. München: riva Verlag, S. 44).

Anfangs waren es nur bis zu 100 Schüler, die sich zu den Protesten versammelten, doch schon hier entstand durch die Kraft einer zündenden Idee und Vision und durch einen unglaublich starken Zusammenhalt die Fähigkeit, andere zu überzeugen und zu begeistern. Greta und alle anderen, die sich anschlossen, gewannen Anerkennung und Aufmerksamkeit. Greta setzte 2019 mit ihrer Schule aus, um sich voll und ganz ihrer Berufung zu widmen. *„'Greta will mehr', überschrieb schließlich die Redaktion des Deutschlandfunks einen Artikel […]. Die […] Aktivistin hätte mit ihren Worten die Klimakonferenz wachgerüttelt. Die Medien in ihrer schwedischen Heimat würden sie seitdem für eine Art Superstar halten […]. Doch Gretas Fazit des Klimagipfels an sich falle eher bescheiden aus. […] In Kattowitz sei zwar viel geredet worden, die Wirkung dagegen sei gering"* (ebd., S. 61–62). Jedoch hatte Greta Thunberg erreicht, dass nicht mehr nur *über sie* gesprochen wurde, sondern immer mehr Menschen *mit ihr* reden wollten. Von dem Zeitpunkt, an dem Greta ihren ersten Schulstreik abhielt, bis zum wichtigen Gipfel in Davos war gerade einmal ein halbes Jahr vergangen!

Greta Thunberg gewann bis zum Jahr 2019 schon zahlreiche Preise, zum Beispiel einen Schreibwettbewerb in einer Tageszeitung im Mai 2018, ein Stipendium als schwedisches Vorbild des Jahres im November 2018, und im Dezember des Jahres 2018 wurde sie in einem US-Magazin auf die Liste der 25 einflussreichsten Teenager gesetzt. *„Eine Umfrage unter den Lesern des schwedischen Boulevardblattes Aftonbladet zum Weltfrauentag kürte Greta schließlich zur schwedischen Frau des Jahres. Schließlich erhielt Greta noch eine Auszeichnung, […] nämlich die Goldene Kamera […] 'Sonderpreis Klimaschutz' (30. März 2019, Anm. der Autorin). […] In der Begründung heißt es, Greta sei das Gesicht der Klimaschutz-Bewegung #FridaysForFuture, die inzwischen seit Monaten im Licht der Öffentlichkeit stehe. Denn die Jugend nehme nun selbst in die Hand, was den Erwachsenen bislang nicht gelungen sei. Greta reiste zur Preisverleihung nach Deutschland, allerdings nicht nur aus diesem Grund (sie wollte einen Tag zuvor am Freitag am Schulstreik in Berlin teilnehmen, Anm. der Autorin). […] Tatsächlich versammelten sich an jenem Freitag 20.000 Jugendliche, was nicht zuletzt wohl der Anwesenheit Gretas geschuldet war, die kurz nach 14 Uhr am Brandenburger Tor auf eine Bühne trat und eine kurze Rede hielt"* (ebd., S. 87–88). Diese Preisverleihung wurde im gesetzten Rahmen als scheinheilig angesehen, denn Sponsor war zumindest für die nachfolgende Nachwuchsschauspielerin Volkswagen. *„So twitterten die Macher der satirischen heute-show, wenn man Greta einen Sonderpreis für den Klimaschutz verleihe, anschließend dann einen SUV verschenke, dann hätte man ihr gleich sagen können, dass man sie nicht ernst nimmt"* (ebd., S. 94). Später hatte Greta Thunberg dann einen hoch dotierten Umweltpreis abgelehnt, was die Stärke, Souveränität und (innere) Unabhängigkeit dieser bemerkenswerten jungen Frau unter Beweis stellt.

Wonder Women in der Kita

Viele Mädchen träumen seit ihrer Kindheit von einem Helden, der sie rettet. Ich habe immer davon geträumt, selbst eine Heldin zu sein.

Lesley, 18 Jahre (in Parker 2018, S. 143)

Diana ist die Tochter einer Amazonenkönigin und verfolgt eine Mission. Sie tritt einen Wettlauf an und spricht sich Mut zu. Beim heimlichen Training hat sie sich eine Strategie ausgedacht und auf gefährlichen und herausfordernden Wegen geübt. Über ihre Gegner hat sie sich schlau gemacht und vertraut nicht auf Glück, sondern auf ihren Plan. Sie denkt, dass Schlachten vor allem deshalb verloren werden, weil die Beteiligten nicht wissen, weshalb und gegen wen sie eigentlich kämpfen. Diana will sich die Medaille wirklich verdienen, statt sie ohne besondere Leistung nur verliehen zu bekommen. Das zeugt von Aktivität und eigenem Engagement, denn sie könnte es als Königstochter einfacher haben. Sie möchte gewinnen und nicht nur einen Platz belegen. Strategisch tritt sie das Rennen langsam an und spricht sich Ruhe zu. Diana fühlt sich stark, weil sie diesen Wettlauf vor allem für sich selbst antritt und in sich ruht. Es wird ihr oft gesagt, sie sei eigensinnig, sie jedoch trägt diese Titulierung mit Stolz. Die

Königstochter ist aber nicht nur kämpferisch, sondern sie singt und tanzt gerne und meint: „Man tanzt anders, wenn man weiß, dass man nicht ewig lebt" (Bardugo, L. (2018): Wonder Woman. Kriegerin der Amazonen. München: dtv, S. 15–16).

„Sie ist eigensinnig", sagte man früher zu Mädchen, wenn sie ihren eigenen Kopf hatten. Man sagte es aber so, als wenn das etwas Negatives wäre. Weshalb sollte einen eigenen Sinn haben etwas Nachteiliges oder Schlechtes sein? Nichts anderes meint der Begriff Eigensinn. Wer keinen eigenen Sinn gefunden hat und ihm nicht nachgehen kann, dürfte ein leeres Leben leben, oder zumindest ein ziemlich langweiliges (vgl. Mannhard, A. (2019c): Ich bin mir wichtig. Die 8 Schlüssel einer glücklichen Erzieherin. Berlin: Cornelsen, S. 53–58). *„Dem Eigensinn haftet etwas aufmüpfig Widerspenstiges an. Eigensein bedeutet für mich, den Mut zu haben, das Eigene frei zu machen und zu finden, und dies als Seinsqualität. Dies hat keinen rebellischen Charakter […]. Eigensein bedeutet, sein eigenes Urteil zu bilden und für sich zu sprechen"* (Tarr in Mannhard, A. (2019a): Führen im Sandwich. Berlin: Cornelsen, S. 109).

Eine Amazone wird gemeinhin damit verbunden, dass sie sich etwas erobert und dafür kämpft, wenn nötig. Dabei geht es nicht nur darum, für andere etwas zu erreichen, worin viele Frauen gut sind, sondern vor allem für sich selbst. Amazonen setzen sich für Gerechtigkeit ein und behaupten ihre Würde. Sie schützen ihr Inneres gegen Angriffe von außen. Die Kraft der Amazone zeigt Grenzen auf und tritt energisch dagegen ein, wenn diese überschritten werden. Sie sagt Nein, wenn sie Nein meint, und wird respektiert. Mit ihrem Nein sagt sie gleichzeitig Ja zu sich selbst. Frauen mit der konstruktiven Kraft einer Amazone verfügen über Zivilcourage und Seelenstärke. Sie weisen ein gewisses Maß an Aggression und Mut auf und vor allem sind sie entschieden und entschlossen, wenn sie von etwas überzeugt sind. Ihre innere und äußere Haltung zeigt, dass sie nicht kneifen, wenn es darauf ankommt, sondern Herausforderungen annehmen. Sie lassen nicht über sich bestimmen, sondern wollen, dass ihr Wort zählt. Sie sind integer und selbstbewusst. Bei einer reifen Amazonenkraft trägt die Frau aber nicht jeden Kampf aus, sondern unterscheidet wohl, wo sich ihr Einsatz lohnt. Sie ist durchaus zu Kompromissen bereit und weder eitel noch herrschsüchtig. *„Die beste Kämpferin für eigene Rechte, für Selbstbestimmung, sichere Grenzen und ein friedliches Miteinander ist die, die mit Humor, weiblicher List und der Weisheit des Herzens in der Gegenwart lebt. Ihr ist der Sieg gewiss"* (Holitzka, M. & Holitzka, K. (2010/2016): E.V.A.-Projekt. Entdecke und spiele mit deinen einmalig vielen Anteilen. Uhlstädt-Kirchhasel: Arun-Verlag, S. 139). (Da dem Begriff List etwas Negatives anhaftet, würde ich gerne den Begriff der weiblichen Klugheit einbringen; Anm. der Autorin).

Praxistipp

Emotionale Intelligenz bedeutet, dass man sich selbst gut wahrnimmt und seine Gefühle steuern und regulieren kann. Wer seine Emotionen nutzbar macht, setzt sie in eine zielgerichtete Handlung um. Empathie ist der Schlüssel für gute Beziehungen. Die Selbstfürsorge gehört auch zur emotionalen Intelligenz, sodass man darauf achtet, dass der eigene Stresslevel nicht zu oft zu weit hochfährt. Wer seine wunden Punkte kennt, nimmt Auslöser, die daran erinnern, gut wahr und steuert gegen.

Praxisübung

Um sich in der Kommunikation fair und auf Augenhöhe zu bewegen, hilft es, auch in kritischen oder konflikthaften Situationen die folgenden Schritte einzuhalten:

1. Die eigene Beobachtung schildern.
2. Damit einhergehende Gefühle benennen.
3. Die eigenen Bedürfnisse zum Ausdruck bringen.
4. Eine Bitte oder einen Wunsch formulieren im Hinblick darauf, was der andere tun soll.
5. Gegebenenfalls die Rückmeldung und / oder das Einverständnis des anderen einholen.

Christian Bischoff (2018) zeigt auf, wie eine Frau mit der Kraft der Wonder Woman andere überflügeln kann:

- Sich nicht an Obergrenzen für den eigenen Erfolg orientieren, sondern sich von dem Gedanken lösen, dass Erfolg begrenzt sei.
- An sich selbst hohe Erwartungen formulieren und nicht unter seinen Möglichkeiten bleiben.
- Ins Handeln kommen und Erfahrungen sammeln.
- Eine Kriegerin für das eigene Leben sein.
- Selbstverantwortung übernehmen.
- Sich morgens die Ziele für den Tag aufschreiben.
- Abends die Erfolge des Tages notieren.
- Mit der eigenen Vorstellungskraft die Wirklichkeit schaffen.
- Sich nach dem höheren (persönlichen) Sinn fragen.
- Das heute tun, was einem als Kind Spaß gemacht hat.
- Die eigenen Stärken und Vorlieben leben.
- Herzensangelegenheiten wegen des Prozesses umsetzen und nicht nur auf das Ergebnis schielen.
- Die eigenen Ängste überwinden.
- Die größte Herausforderung schnell angehen.
- Die eigene Selbstständigkeit befördern.
- Sich selbst gut verkaufen.
- Sich positiv beeinflussen (lassen).
- Mit der eigenen Energie andere beeinflussen.
- Die Wechselwirkung von Körperhaltung und innerer Haltung kennen und spüren.
- Jeden Tag ein wenig trainieren.
- Genügend schlafen und sich erholen.
- Die Selbstfürsorge pflegen, um sich zu stärken.
- Am Selbstvertrauen durch kleine Schritte, Handeln und Ängste überwinden arbeiten.
- Rückschritte als das Tor zum Erfolg ansehen.
- Sich innerlich groß machen und seine Ziele vergrößern.
- Sich fragen, wie das Unmögliche gehen könnte.
- Aus der Vergangenheit in die Zukunft gehen.
- Ja zum Leben sagen.
- Vertrauen in sich selbst und ins Leben haben.
- Sich auf eine Sache fokussieren.
- Für etwas brennen und Leidenschaft leben.
- Anderen durch das eigene Tun zeigen, dass man ein Vorbild ist.
- Alles beenden, was man angefangen hat.

- Durch Überpünktlichkeit Wertschätzung für seine Mitmenschen zeigen.
- Durch Selbstreflexion seine Zukunft beherrschen.
- Menschen ohne Selbstverantwortungsübernahme meiden.
- Mit einer positiven Ausstrahlung Charisma gewinnen.
- Die eigenen Worte weise wählen.
- Sich nicht mit anderen vergleichen.
- Selbstzweifel vernichten.
- Selbstliebe als Schlüssel zu allem pflegen.
- Sich nicht um die Gedanken anderer kümmern.
- In Chancen und Möglichkeiten denken.
- Sich zeigen.
- Das Feuer sein, das andere entzündet.
- Die eigene Macht erkennen.
- Etwas Neues in sieben Schritten lernen.
- Glücksrezepte umsetzen.
- Am eigenen Vermögen arbeiten.
- Auf stete Gehaltssteigerung achten.
- Lösungsorientierte Fragen stellen.
- Nichts in den eigenen Kopf lassen, das nicht weiterhilft.
- Sich nicht darum scheren, ob andere einen mögen (vgl. Bischoff, C. (2018): 55 Geheimnisse. Wie du alle anderen überflügelst. München: Ariston).

Göttinnenkraft

Wenn Erzieherinnen einmal ihre Kraft verlieren und zeitweise aus ihrer Mitte geraten, steht ihr Leben manchmal Kopf. In Krisenzeiten fragen wir uns, wer wir sind und was wir wollen. Wir fragen danach, was wir bisher erreicht haben und wo wir hinwollen. Es benötigt Wege, zur inneren Mitte und Kraft zurückzufinden. Tina Schütze rät, sich dann nicht an anderen Frauen im Alltag oder gar an Hochglanzmagazinen zu orientieren, sondern an den griechischen Göttinnen. Ein paar Beispiele:

- *Aphrodite: Als Göttin der Liebe ist Aphrodite attraktiv, strahlend und charmant. Mit ihrem unwiderstehlichen Charisma steht sie für Kreativität, neues Leben und vor allem für die Erotik.*
- *Hestia: Ihre Energie bezieht Hestia aus dem ruhenden Pol in ihrer Persönlichkeit und ist daher auch selbstgenügsam in ihrem Haus, weswegen sie die Göttin des Herdes und der Tempel ist. In ihrer Ganzheit spürt sie das Wesen aller Dinge.*
- *Artemis: Die unabhängige, prinzipientreue Göttin der Jagd und des Mondes weiß, was sie will, und ist daher fokussiert und zielorientiert. Sie stellt sich mutig allen Herausforderungen und geht Wettbewerben nicht aus dem Weg.*
- *Demeter: Erfüllung findet die Göttin der fruchtbaren Kornfelder in der Mutterrolle, denn sie mag es, andere zu umsorgen und ihnen körperliche sowie geistige Nahrung zu schenken. Ein sozialer Beruf ist daher ideal für sie.*
- *Persephone: Als Göttin des Frühlings steht Persephone für neues Wachstum nach entbehrungsreichen Zeiten. Sie ist eine empathische Zuhörerin und Therapeutin, aber auch eine talentierte Künstlerin.*
- *Athene: Große Willenskraft und einen herausragenden Intellekt besitzt die Göttin der Weisheit und der Künste. Sie wendet erfolgreiche Strategien an und findet praktische Lösungen in allen Situationen, wobei sie auch diplomatisches Geschick beweist und ihren Prioritäten und Prinzipien treu bleibt.*
  (vgl. Schütze, T. (2017): Werde die Frau deines Lebens. Gelassen. Selbstbewusst. Glücklich. Frankfurt: Fischer, S. 108–116).

Praxistipp

Welche Göttin erkenne ich in mir? Und: Auch Göttinnen tragen wie Erzieherinnen Schattenseiten in sich, die man sich bewusst machen kann, um an den ungeliebten eigenen Persönlichkeitsanteilen zu arbeiten. So sollte Artemis die zwischenmenschlichen Beziehungen nicht vergessen, Athene ihre Weisheit und Hingabefähigkeit erkennen, Hestia eine Balance zwischen Innenschau und Leben im Außen herstellen, Demeter ihren Wert nicht nur aus den Kindern ziehen, Persephone sich nicht in Traumwelten flüchten, Aphrodite den goldenen Funken auch in sich selbst finden.

Romantherapie für Erzieherinnen

Wenn du innerlich stark bist, kann dich niemand umhauen.

Carlie, 12 Jahre (in Parker 2018, S. 78)

Die Romantherapie (Bibliotherapie) setzt Literatur zur Reduzierung von Leiden ein. Leiden in Bezug auf einen seelischen Schmerz kann von einem gebrochenen Herz bis zu Versagensängsten im Beruf reichen. Die Romantherapie wird seit einigen Jahren angewandt und ist unter anderem durch das gleichnamige Buch von Ella Berthoud und Susan Elderkin bekannt geworden. Aber auch schon vor ihrer Erfindung griffen Menschen zu Büchern, wenn sie sich mit einem Problem herumschlugen, und sie erhofften sich, durch die Identifikation mit den Figuren zu Lösungen zu gelangen oder zumindest ihren Schmerz zu lindern – und sei es nur durch Ablenkung. In Anlehnung an das Buch zur Romantherapie sind hier exemplarisch einige Leiden aufgeführt, mit denen sich Erzieherinnen herumschlagen könnten, und es werden entsprechende Buchempfehlungen benannt (vgl. Berthoud, E. & Elderkin, S. (2017): Die Romantherapie. 253 Bücher für ein besseres Leben. Berlin: Insel Verlag).

- *Anderssein*: Gibt es die typische Erzieherin? Und wie sieht dieses Muster aus? Wer passt hinein und wer nicht? Wer gehört zum Kreis und wer wird ausgeschlossen, und weshalb? Die Möwe Jonathan in Richard Bachs gleichnamigem Buch ist anders als alle anderen Möwen. Während sich im Leben der meisten Möwen alles nur um das Futter dreht, will Jonathan richtig fliegen lernen. Das bedeutet, dass er wie Greifvögel in der Luft Akrobatiken vollführen möchte. Immer mehr einzigartige Kunststücke gelingen ihm durch seine intrinsische Motivation (vgl. ebd., S. 38–39).
- *Angst*: Henry James' Sprache in „Bildnis einer Dame" ist Balsam für die ängstliche Seele (vgl. ebd., S. 40–42).
- *Bedürftigkeit*: Es gibt sie, die unselbständigen Erzieherinnen, die eigentlich Mädchen (und auch Jungs) zur Selbstständigkeit erziehen sollten. Im Innern sind sie immer noch selbst ein kleines Mädchen. Die Romanfigur „True Grit" von Charles Portis zeigt, wie man unabhängig wird, sodass man sich vor allem auf sich selbst verlassen kann (vgl. ebd., S. 54–55).
- *Verpasste Chancen*: Der lebensfrohe Allan zeigt uns in „Der Hundertjährige, der aus dem Fenster stieg und verschwand" von Jonas Jonasson, dass unser Leben endlich ist und wir die Gelegenheiten beim Schopf packen sollten, um das zu umzusetzen, was wir wirklich wollen (vgl. ebd., S. 67–68).
- *Zu wenig Ehrgeiz*: Wer anderen am liebsten beim Gewinnen zusieht und sich selbst einmal in den Hintern treten möchte, könnte „Das karmesinrote Blütenblatt" von Michael Faber lesen. Die junge Heldin Sugar wächst in fürchterlicher Umgebung auf und macht aus ihrer frühen Not eine Tugend. Sie zeigt, wie man aus widrigen Umständen herauswachsen und stark werden kann (vgl. ebd., S. 100–101).

- *Fehlende Entschlossenheit*: Manche Erzieherinnen mögen keine Veränderungen, auch wenn alle Anzeichen danach rufen. Sie setzen lieber auf Bewährtes. Wer immer wieder damit ringt, dass einem jede neue Mode auf die Nerven geht, der alle hinterherrennen, könnte in Herrn Lehmann (nach dem gleichnamigen Buch von Sven Regener) einen gleichgesinnten Freund finden (vgl. ebd., S. 113–114).
- *Erschöpfung*: Der pädagogische Beruf ist anstrengend und nicht wenige Fachkräfte sind gefährdet, einen Burn-out zu entwickeln. Körperliche Erschöpfung kann zu somatischen Krankheiten führen, mentale zu Stress. Die Figur „Alexis Sorbas" von Nikos Kazantzakis lebt auf Kreta, kennt unzählige Suppenrezepte und Geschichten und tanzt für sein Leben gern. Er muntert sich selbst und seine Umgebung immer wieder auf (vgl. ebd., S. 117–118).
- *Existenzsorgen*: Erzieherinnen gehören nicht gerade zu den am besten verdienenden Berufsgruppen und es ist gut möglich, dass sie sich hier und da mit Existenzsorgen herumschlagen. In „Siddhartha" von Hermann Hesse hat der Protagonist alles Materielle, was es zum Leben braucht, aber es fehlt ihm dennoch etwas. So geht er auf eine spirituelle Reise, um es zu finden (vgl. ebd., S. 119–120).
- *Feigheit*: Wo ist er geblieben, der Mut? Wie kann man das Richtige tun, wenn man, sobald Hindernisse und Schwierigkeiten auftreten, davonläuft? Atticus Finch in Harper Lees „Wer die Nachtigall stört…" beweist seinen Mut angesichts einer physischen Gefahr (vgl. ebd., S. 126–128).
- *Älterwerden*: Die Angst vor dem Alter ist weit verbreitet. Mit Menschen, die am selben Tag Geburtstag haben wie man selbst, kann man sich stärker verbunden fühlen. Im Buch „Mitternachtskinder" von Salman Rushdie geht es um diese besondere Verbindung, die einem über den Geburtstagsblues beim Altern hinweghelfen kann (vgl. ebd., S. 136–137).
- *Glaubensverlust*: Der Verlust dessen, woran man glaubt, sei es eine Religion oder bestimmte Werte, ist tiefgreifend. Ein Buch wie „Lachsfischen im Jemen" kann Mut machen, wieder den Anschluss an unsere Grundsätze zu finden und mit Freude und Zuversicht durchs Leben zu gehen. Der Autor Paul Torday beschreibt die Beziehung eines Wissenschaftlers zu einem Visionär, der ihn lehrt, wie der Glaube Berge versetzen kann (vgl. ebd., S. 151–152).
- *Glückssuche:* „Fahrenheit 451" von Ray Bradbury zeigt uns, dass das unablässige Streben nach Glück eigentlich eine Krankheit ist, und dass die Fülle des Lebens aus einer Vielzahl an Erfahrungen besteht (vgl. ebd., S. 153–155).
- *Harmoniebedürfnis*: Nicht wenige Erzieherinnen besitzen ein übermäßiges Harmoniebedürfnis, das zur Schattenseite hat, dass sie Konflikten aus dem Weg gehen und keine eigene Haltung vertreten, aus Angst, anzuecken. Die Charakterstudie „Mein Name ist Ascher Lev" von Chaim Potok zeigt auf, wie nicht ausgetragene Konflikte zu gegenseitiger Entfremdung führen (vgl. ebd., S. 160–161).
- *Aufgeben*: Wer alles hinwerfen will, könnte erst einmal zum Buch „Hasenherz" von John Updike greifen. Hier geht es um Löcher im Lebensschiff, wie man sie stopft und auf Kurs bleibt, statt mit ihm unterzugehen (vgl. ebd., S. 177–179).
- *Mobbing*: Mobbing tritt in sozialen Berufen häufiger auf, und unter Frauen mobbt es sich manchmal hinten herum am besten. Das Buch „Katzenauge" von Margaret Atwood beschäftigt sich zwar mit Mobbing unter Jugendlichen, hilft aber Betroffenen, Anzeichen zu erkennen und gestärkt zu werden (vgl. ebd., S. 238–239).
- *Nörgeln*: Wenn das Glas öfter halb leer denn halb voll ist, könnte mit „Picknick auf dem Eis" von Andrej Kurkow die negative Eigendynamik des Jammerns und Selbstmitleids erkennbar werden (vgl. ebd., S. 254–255).
- *Aufschieberitis*: Hier wird alles, was mit unangenehmen Gefühlen einhergeht, aufgeschoben und damit größer gemacht, als es eigentlich wäre, wenn man es anginge. Das Vakuum, das dadurch entsteht, hindert daran, anderes zu genießen, denn wir haben ja stets das Unerledigte im Kopf. Der

Protagonist in „Was vom Tage übrig blieb“ von Kazuo Ishiguro zeigt uns auf, dass es sich lohnt, sich den unangenehmen Gefühlen zu stellen, um sie zu überwinden, weil wir sonst Wichtiges verpassen könnten (vgl. ebd., S. 275–277).

- *Sackgasse*: Wer sich aufgrund seiner Biografie in einer Sackgasse befindet, wird durch das Buch „Grenzgang“ von Stephan Thome entweder getröstet oder wachgerüttelt. Trost erfährt der, der denkt, so schlimm ist es bei ihm selbst ja doch nicht, und der, der sich aus den Mauern seiner Geschichte befreien will, bricht im besten Fall auf (vgl. ebd., S. 294–295).
- *Minderwertigkeitsgefühle*: Wer sich negativ selbstkritisch behandelt, wird in „Rebecca“ von Daphne du Maurier eine verwandte Seele entdecken. Das beschriebene destruktive Verhalten gegen sich selbst wird im besten Fall nach der Lektüre des Buches verändert (vgl. ebd., S. 328–330).
- *Stress*: Der Beruf der Erzieherin kann immer wieder stressig sein. Eine entspannende Auszeit verspricht das Buch „Der Mann, der Bäume pflanzte“ von Jean Giono (vgl. ebd., S. 346–347).

Die Modell-Erlösung

Das Tollste ist, dass ich immer Spaß an dem habe, was ich erschaffe.

Yolisa, 10 Jahre (in Parker, K.T. (2018): Wilde Mädchen. Am schönsten sind wir, wenn wir niemandem gefallen wollen. München: mvg Verlag, S. 235)

Von negativen Bildern und Rollen lösen können sich Mädchen und Frauen nur selbst, anstatt auf eine wie auch immer geartete Rettung von außen zu warten. Freie Frauen können flexibel verschiedene Rollen einnehmen, und sie können immer auch eine andere sein (vgl. Interview mit Irmtraud Tarr in Mannhard, A. (2019a): Führen im Sandwich. Berlin: Cornelsen). So kann schon ein Mädchen auf der einen Seite eine Abenteurerin sein, die reiten, ein Motorboot fahren und einen Forscherwettbewerb gewinnen kann. Auf der anderen Seite ist es fürsorglich gegenüber dem kleineren Bruder und hilft gerne im Haushalt. Es gilt, mehrere individuelle Facetten zu leben, und nicht einseitig und unzufrieden zu sein.

Einmalig viele Persönlichkeitsanteile

Marlies Holitzka hat mit dem E.V.A.-Projekt einen Weg aufgezeigt, wie Frauen sich mit ihren verschiedenen Persönlichkeitsanteilen konstruktiv auseinandersetzen können. Demnach haben alle Facetten sowohl einen kraftvoll positiven als auch einen schattig negativen Aspekt. Ein paar Beispiele:

- *Mädchen / Tochter / Inneres Kind*: Das Kind-Ich verfügt auf der einen Seite über Lebensfreude, Neugier und Lust an der Selbstfindung, auf der unentwickelten anderen Seite über die Verweigerung von Verantwortungsübernahme, über Hilflosigkeit und Unselbständigkeit.
- *Gesundes Selbst / Eigensinnige / Erleuchtete*: Die Eigensinnige erlebt sich auf der einen Seite als selbstbestimmt, selbstbewusst und wertvoll, auf der anderen Seite steht sie in einem Nähe- und Distanz-Konflikt mit ihrer Umwelt.
- *Freundin / Schwester / Innere Freundin*: Die Freundin ist Vertraute und Seelengefährtin auf der einen Seite, hegt andererseits aber Gefühle von Neid und Eifersucht, die bis zu Intrigen unter Frauen führen können.
- *Eva / Lilith / Weiblichkeit*: Die weibliche Frau ist einerseits im positiven Sinne leidenschaftlich, lustvoll und wild, erlebt sich andererseits bei nicht integrierten hellen und dunklen Seiten weiblicher Macht jedoch als selbstentfremdet und als ein Opfer.
- *Lernende / Schülerin / Wissbegierige*: Die Studentin des Lebens ist auf der einen Seite aufgeschlossen und engagiert, auf der anderen ignorant, unentschlossen und arrogant.
- *Extravagante / Diva / Wilde Frau*: Einerseits eine Göttin, die charismatisch und selbstbewusst das gewisse Etwas im Leben verfolgt, andererseits eine Zicke, die hochmütig und launisch oder auch brav und angepasst aus einem mit der Minderwertigkeit verhafteten Narzissmus heraus ihr Leben gestaltet.
- *Nährende / Mutter / Geistiges Kind*: Die mütterliche Frau schenkt auf der einen Seite Liebe und Fürsorge, missbraucht aber auf der anderen Seite ihre Macht in Form von Unterdrückung und Umklammerung.
- *Kreative / Lebenskünstlerin / Selbstausdruck*: Die gestaltende Frau verfügt einerseits über Fantasie, Schaffenskraft und Selbstkultivierung, und kann andererseits übersensibel vor der Welt flüchten.

- *Abenteurerin / Heldin / Närrin*: Die weibliche Piratin hat auf der einen Seite Spaß an Freiheit und an Abenteuern, kann auf der anderen Seite aber unmoralisch, selbstüberschätzend und einsam werden.
- *Spirituelle / Sinnsucherin / Gläubige*: Diese Frau verfügt einerseits über ein Interesse an einem größeren Ganzen, an Religion und an Philosophie, und kann andererseits in Sinnkrisen und Eigendünkel verfallen (vgl. Holitzka, M. & Holitzka, K. (2010 / 2016): E.V.A.-Projekt. Entdecke und spiele mit deinen einmalig vielen Anteilen. Uhlstädt-Kirchhasel: Arun-Verlag).

Das innere Team

Wenn wir die vielfältigen Möglichkeiten an Facetten betrachten, die wir in unterschiedlichen Situationen und Lebenslagen einnehmen und mal mehr, mal weniger in den Vordergrund stellen und leben, gibt es ein sogenanntes inneres Team, das sich auf unserer äußeren Lebensbühne zeigt. Wir wirken mit unseren inneren Bestrebungen auf andere ein. Wenn wir unseren inneren Dialog analysieren, können wir zu unserer Selbstklärung beitragen und das Innere mit dem Auftreten im Außen in eine Übereinstimmung bringen. Wir sind damit authentisch und kongruent, und meist stimmt dann auch unsere Selbstwahrnehmung mit der Fremdeinschätzung überein.

Praxisbeispiel

Die Kitaleiterin Frau Maier wird von der Bereichsleiterin gefragt, ob sie einen Vortrag zu ihrem Arbeitsthema Inklusion an einem Pädagogischen Fachtag für alle Kitas des Trägers halten möchte. Die Expertin ihres inneren Teams fühlt sich geehrt. Die Praktikerin ist begeistert und freut sich, dass sie ihr jahrelang erworbenes Praxiswissen einer breiteren Öffentlichkeit präsentieren darf. Die Organisatorin überlegt, wie sie die Präsentation aufbaut. Die Kritikerin mahnt, dass sie eine gewisse Scheu hat, vor mehreren Menschen selbstbewusst aufzutreten. Die Zweiflerin ist erschreckt und fragt sich, ob die Praxiserfahrung ausreicht, um als Basis für einen Vortrag herzuhalten. Die Optimistin ermutigt, dass Frau Maier das hinbekommt. Die Realistin sieht, dass sie einen guten Plan braucht, um sich vorzubereiten, dann kann das ein guter Vortrag werden (vgl. Mannhard, A. (2019d): Das Kita-Team. Informationen und Praxistipps rund um Teamentwicklung, Teamführung und Teamgesundheit. Aachen: Ökotopia, S. 60–61).

Wer sein inneres Team nutzt und allen Stimmen zuhört, ohne sie zu bewerten, denn alle haben ihre Berechtigung, kann zielgerichtet und frei entscheiden und handeln. In unserem Praxisbeispiel wird Frau Maier mit entsprechender Vorbereitung und selbstbestärkenden Glaubenssätzen und Mottos einen guten Vortrag abliefern und Freude am Erfolg haben.

Die Unersetzliche

Diese Erzieherin ist das Rückgrat des Teams, ohne sie geht nichts! Sie ist ausgesprochen fürsorglich und verbreitet gute Laune und Herzlichkeit. Sie hält sich selbst für nicht viel wert und andere für wichtiger. Ihre Arbeit steht für sie nicht im Vordergrund, sondern dass sie dafür sorgt, dass es allen in der Kita gut geht. Das ist ihr Leitmotiv im Job.

Praxisbeispiel

Eva fühlt sich in der Kita immer dann am wohlsten, wenn sie darin bestätigt wird, für andere etwas getan zu haben. Sie blüht auf, wenn man ihr dankbar ist. Manchmal regt sich eine leise Stimme der Unzufriedenheit in ihr, die ihr sagt, dass sie mehr auf das schauen sollte, was sie möchte. Sie will aber keine Diskussionen und schon gar keinen Streit riskieren, wenn ihre Wünsche von denen anderer abweichen. Wenn es ihr mal zu sehr gegen den Strich geht, klagt sie über Kopfschmerzen und zieht sich zurück. Sie genießt es, wenn sie dann von den Kindern und Kolleginnen der Kita getröstet und umsorgt wird. Wenn sie tatsächlich einmal krank ist, freut sie sich riesig, wenn ihr am ersten Arbeitstag danach mitgeteilt wird, wie sehr sie vermisst wurde und was an Arbeit alles liegengeblieben ist, weil sie nicht da war. Manchmal ist Eva neidisch auf ihre jungen Kolleginnen, die sich so gar keinen Kopf machen und die Arbeit aus ihrer Sicht zu leicht nehmen. Dass denen ebenso die Herzen der Kinder zufliegen, macht sie eifersüchtig.

Unersetzliche Erzieherinnen halten andere für wichtiger als sich selbst. Sie leben eine hingebungsvolle Rolle als Mutter und / oder pädagogische Fachkraft und stellen die Interessen anderer über ihre eigenen, was sich irgendwann rächt. Da sie nicht gut in der Lage sind, ihren Bedürfnissen angemessen Ausdruck zu verleihen, arbeiten sie mit indirekter Kommunikation und mit Klagen und Vorwürfen, die bei anderen Schuldgefühle erzeugen sollen. Sie vermeiden den starken und unabhängigen Teil in sich und muten ihn anderen nicht zu. Sie gieren zu stark nach Anerkennung und Harmonie. Wer seine eigenen Bedürfnisse so wenig ernst nimmt und nicht dafür sorgen kann, dass sie erfüllt werden, neigt zu Neid und Eifersucht auf andere Frauen. Die nicht gelebte Kraft bahnt sich destruktive Wege des Ausdrucks. Irgendwann kann die Unersetzliche, wenn sie es mit ihren Klagen übertrieben hat, einsam und verbittert werden, nämlich dann, wenn sich andere von ihr zurückziehen, weil sie sich nicht schuldig fühlen wollen. Oder sie ist irgendwann ausgebrannt, weil sie sich zu sehr für andere aufgeopfert und sich selbst so wenig gegeben und genommen hat. Der Glaubenssatz der Unersetzlichen lautet: „Ich bin gut und nett, und ich opfere mich auf!"

Die Selbsterlösung der unersetzlichen Erzieherin könnte darin bestehen, dass sie zunächst ihre eigenen Bedürfnisse gut wahrnimmt und in einem zweiten Schritt angemessen kommuniziert, sodass andere darauf eingehen oder sie selbst für sich sorgen kann. Sie muss lernen, um etwas zu bitten, statt zu klagen. Wenn sie diese wichtige Hürde genommen hat, kann sie besser auf einen Ausgleich im Geben und Nehmen achten sowie darauf, dass sie nicht ausgenutzt wird. Sie muss aber dann auch damit umgehen, dass sie nicht mehr für ihre ganzen Gefälligkeiten anerkannt und geliebt wird, sondern im besten Fall um ihrer selbst willen. Zur Unterstützung kann sie sich mit anderen Frauen zusammentun und ihre eigenen Interessen pflegen. Wer sich so lange nach anderen gerichtet und sie umsorgt hat, kann Freude daran finden, sich selbst zu entdecken und in seinem (Arbeits-) Leben neue eigene Spuren zu setzen. Wer stark darin war, für andere zu sorgen, kann lernen, (auch) eine gute Mutter für sich selbst zu sein.

Die Hülle

Diese Erzieherin möchte Komplimente aufgrund ihrer äußeren Erscheinung einfangen und vergleicht sich ständig mit anderen Frauen. Sie fühlt sich durch Konsum selbstwirksam und beschäftigt sich viel mit dem Erwerb von Dingen. Auf ihr Arbeitsleben nimmt sie wenig Einfluss, Gespräche mit Tiefgang sind nicht ihr Ding.

Praxisbeispiel

Janine ist eine sprudelnde Quelle, wenn sie am Montag zur Arbeit kommt. Ihre Kolleginnen dürfen bewundern, was sie auf ihrer Shopping-Tour am Wochenende alles erworben hat. In den Pausen liebt sie es, in Katalogen und Modezeitschriften zu blättern. Die Leitung der Kita hat genehmigt, dass sie private Paketbestellungen über die Kita-Adresse tätigen darf, damit sie die Ware nicht abends von der Post abholen muss. So langsam sind die Kolleginnen aber genervt, denn die Lieferungen kommen zwei bis drei Mal pro Woche an und ständig stolpert man über ein Paket, wenn man durch den Personalraum geht. Die ein oder andere Bemerkung ihrer Kolleginnen gibt Janine zu denken. Sie sagen, dass es im Leben noch anderes als schöne Kleider und Handtaschen gibt, man sollte sich doch mehr auf das Wesentliche konzentrieren.

Wer so stark auf seine Außenwirkung bedacht ist, vernachlässigt meist seine innere und persönliche Entwicklung. Weg vom äußeren Schein können solche Menschen leer und langweilig wirken. Wenn sie bemerken, dass sie mit Objekten und ihrer Erscheinung andere nicht mehr erreichen, fallen sie auf sich selbst und auf den fehlenden Kern in sich selbst zurück. In aller Regel mündet diese Erkenntnis in einer Depression. Der Glaubenssatz der Hülle lautet: Sei vor allem verführerisch! Sei nicht du selbst! Werde nicht alt!

Die Selbsterlösung könnte darin bestehen, zu erkennen, dass die Macht durch Konsum auf Sand gebaut ist. Wenn die Erzieherin, die bislang nur oder vor allem auf ihre äußere Erscheinung geachtet hat, Interesse und Spaß daran findet, sich mehr ihren Gefühlen und Gedanken außerhalb der Objekte, auf die sie sich bezieht, zu finden, kann sie mehr zu einer selbstbestimmten und aktiven Lebens- und Arbeitsgestaltung kommen. Sie kann ihre Unzufriedenheit oder gar Depression nutzen, um herauszufinden, was an ihr selbst und an ihrem Wesen attraktiv und spannend ist. Damit hat sie bessere Chancen, um ihrer selbst willen anerkannt, geschätzt und gemocht zu werden, und nicht nur eine Hülle zu sein, die im Laufe der Jahre immer mehr an Attraktivität verliert.

Die Zweite

Diese Erzieherin ist die klassische heimliche Leitung aus dem Hintergrund, wenn sie überhaupt Interesse an Führung hat. Niemals aber würde sie ihren Führungsanspruch offen anmelden, sondern sie will verdeckt die Fäden der Macht ziehen. Den offenen Anspruch an Leitung will sie nicht ausdrücken, hält sich aber in der zweiten Reihe für durchaus besser begabt und geeigneter als die Kollegin in erster Leitungsposition. Sie hält auch mit Kritik an der Ersten meist nicht hinter dem Berg. Die Zweite spürt die Widersprüche in sich selbst: Einerseits hält sie sich für besser als die, der sie den ersten Sitz überlässt, andererseits plagen sie Selbstzweifel oder auch profane Bequemlichkeit, weshalb sie sich den Führungssessel nicht erobern will. Es ist schon gut, wenn sie sich im geeigneten Moment hinter der

Ersten verstecken kann und die eigentlich Bessere darstellt, wenn der Ersten ein paar Haare gekrümmt werden.

Praxisbeispiel

Die Stellvertretung von Frau Schmidt, Frau Meis, versteht sich als Kümmerin für das Team und weist die Leitung immer wieder kritisch auf anscheinende Versäumnisse hin. Schließlich ist sie schon lange Zeit im Team, die Leiterin erst seit einem Jahr, also weiß Frau Meis besser, wie am besten mit den Mitarbeitern umzugehen ist. Sie versteht es geschickt, in kritischen Momenten der Bereichsleitung – der Chefin beider Frauen – zuzuspielen, dass Frau Schmidt anscheinend nicht so richtig auf die Anliegen der Teammitglieder eingehe und zu stark an einer Hierarchie interessiert sei, wo Frau Meis doch eher kooperativ und „fürsorglich" auf das Team einwirke. Die Bereichsleitung gewinnt immer mehr den Eindruck, dass Frau Meis die eigentlich bessere Leitung für dieses Team sei.

Die Zweite zieht Anerkennung aus ihrer Position, keine Frage. Sie wird als Stellvertretung im Hintergrund gewürdigt, vielleicht mehr als die Erste, die für auch einmal unbequeme Entscheidungen den Kopf hinhalten muss. Der Glaubenssatz der Zweiten lautet: Sei hilfreich! Stelle dich nicht direkt in den Mittelpunkt!

Die Selbsterlösung der Zweiten kann darin bestehen, Anerkennung für ihre wirklichen Leistungen, mit denen sie offen hervortritt, zu ernten, und ihre Fähigkeiten an den richtigen Stellen einzusetzen. Dann muss sie auch nicht mit anderen Frauen in eine heimliche Konkurrenz treten. Sie sollte sich mit der inneren Stimme auseinandersetzen, die ihr einflüstert, sie sei nicht in Ordnung, wenn sie ihren Führungsanspruch durchsetzt und sich damit authentisch zeigt. Sie sollte sich den direkten Erfolg gönnen, den sie über eigene Leistungen erzielt, und den sie sich nicht über Dritte erkauft. Damit wird sie längerfristig ein zufriedeneres Arbeitsleben führen.

Die Arme

Diese Erzieherin empfindet sich als Opfer und sucht einen Retter oder eine Retterin. Vielleicht wurde ihr bisher viel Verantwortung abgenommen und sie weiß nicht, wie sie in die Selbstverantwortung kommt. Die sogenannte erlernte Hilflosigkeit ist in der Pädagogik und Psychologie bekannt, und es ist in der Tat erst einmal ein Versagen der Umwelt, einen Menschen zur Hilflosigkeit zu erziehen. Nur, irgendwann ist dieser Mensch erwachsen, und muss sich selbst auf den Weg aus der Opferrolle machen. Einen Erlöser von außen gibt es hier nicht. Wenn das nicht geschieht, projiziert die Arme gerne alle eigenen Ängste und Zweifel auf ihre Kita-Leitung und sucht dort eine neue Mami oder einen neuen Papi. Diese sollen Trost spenden, wenn die Arme ihre Klagen an sie richtet. Eine Begegnung auf Augenhöhe wird schwierig, weil sie immer wieder Situationen im Team schafft, in denen sie beweisen will, dass sie ein Opfer ist.

Praxisbeispiel

Frau Klar hat es wieder einmal geschafft, ihre Kolleginnen und Kollegen gegen sich aufzubringen. Diese haben ihr, eigentlich gegen ihren Willen, alles abgenommen, was sie sich in einem Projekt nicht zugetraut hat – von der Findung von Sponsoren über eine Darstellung des Projekts in der Kita-Zeitung bis zur Präsentation der Ergebnisse an einem Elternabend. Sie reagiert über, als die Teammitglieder mit ihr sprechen und sie mit ihrer Wahrnehmung konfrontieren, dass sie sich an solchen Leistungen des Teams nicht aktiv beteiligt, und beschwert sich bei der Leitung. Als diese den restlichen Teammitgliedern Recht gibt, schreibt sie eben mal einen Beschwerdebrief an die Abteilungsleitung der Kindertageseinrichtungen des Trägers, bei dem sie beschäftigt ist. Interessant ist, dass sie hier durchaus über die erforderliche Kraft verfügt, für ihre Interessen einzustehen, und sich als alles andere als ein Opfer präsentiert.

Die Arme sucht nach Rettern oder Retterinnen im Außen sowie nach Erlösung. Sie fühlt sich in ihrer selbsterschaffenen Opferrolle nicht wohl und spürt, dass sie damit unter ihren eigentlichen Fähigkeiten bleibt. Sie weiß aufgrund der erlernten Hilflosigkeit aber nicht, wie sie diese angemessen zum Ausdruck bringen könnte. Der Glaubenssatz der Armen lautet: Werde nicht groß! Werde nicht selbstständig! Sei loyal mit deinen Eltern, egal wie alt du bist!

Die Selbsterlösung der Armen besteht im Erkennen, wann sie in die Opferhaltung geht, oder umgekehrt andere angreift, um sich als Opfer darzustellen. Sie muss die Entscheidung treffen, aus dieser Einstellung und aus diesem Verhalten auszusteigen und erwachsen wie selbstständig zu werden. Das heißt, sich bewusst vom Selbstbild der Schwachen und Geschlagenen zu verabschieden und eine neue Sicht von sich einzunehmen. Das Gerettet werden wollen sollte als das erkannt werden, was es ist: eine Erniedrigung. Stattdessen könnte die Arme Spaß daran entwickeln, ihre eigenen Talente und Fähigkeiten zu entdecken und als Stärken auszubauen. Hier kann zum Beispiel auch das Erlernen eines Kampfsports oder ein Hobby wie Bootfahren oder Jagen helfen, sich mit der eigenen Kraft zu verbinden.

Die Schöne

Die schöne Erzieherin glaubt wie manche Top-Models, dass sie in Wahrheit gar nicht schön, sondern alles an ihr nur Fassade ist. Sie achtet auf jeden kleinen Makel, der auch bei an sich schönen Menschen zu finden ist. Die Unsicherheit besteht, weil sie vermutlich immer wieder auf ihr Aussehen reduziert worden ist oder vor allem dafür Bestätigung erhalten hat. Das überdeckt die Wahrnehmung ihrer Talente und Fähigkeiten. Wie im Märchen punktet die Schöne mit gefallen wollen und löst damit bei anderen Frauen möglicherweise Neid und Eifersucht aus. Wie bei einer Hülle bleiben die aktiven Gestaltungsmöglichkeiten des Lebens für den verborgen, der sich vor allem über sein Äußeres definiert.

Praxisbeispiel

Frau Regel wird im Privatleben ständig von Männern umschwärmt und auch in der Kita oft als „Star" wahrgenommen. Die Mädchen loben sie nahezu täglich für ein schönes Kleidungsstück oder eine tolle Frisur. Frau Regel ist aber auch immer wieder zu Tode betrübt, nämlich dann, wenn eine neue Eroberung sie nach kurzer Zeit wieder fallengelassen hat. Dann wird sie liebevoll von ihren Kolleginnen getröstet.

Die Schöne kämpft mit einer inneren Leere und den Fragen, was von ihr bleibt, wenn sie sich abends ungeschminkt im Spiegel ansieht, und mit was sie punkten kann, wenn sie älter wird. Ihr Glaubenssatz lautet: Sei nicht du selbst! Zeige dein Inneres nicht!

Die Selbsterlösung der Schönen könnte darin bestehen, dass sie ihr Inneres und ihre Talente und Fähigkeiten unabhängig von ihrer Schönheit entdeckt und diese im Umgang mit anderen Menschen zeigt. Wenn sie auch die Kinder daran bewusst teilhaben lässt, lernen diese, dass es auch bei schönen Menschen nicht nur auf das Äußere ankommt. Die Schöne kann wahrnehmen, welche Dinge und Menschen ihr wirklich etwas bedeuten, und weshalb sie das tun. Sie kann die Verbindung mit ihnen bewusst pflegen. Die Entdeckung der eigenen Selbstwirksamkeit ist der Schlüssel zur Persönlichkeitsentwicklung der Schönen.

Die Kümmerin

Die Erzieherin, die sich kümmert, versteht sich in erster Linie als (Für-) Sorgende und zieht ihren Selbstwert oft auch aus der Retter*innenrolle. Demnach muss es in einem Team immer wieder mal ein Opfer und einen Täter geben, sodass sie das Opfer retten kann. Sie ist besonders gut darin, zu erahnen, was andere wollen und brauchen, und kommuniziert gerne indirekt. Harmonie wird bei der Kümmerin großgeschrieben, und sie ist ausgesprochen konfliktscheu.

Praxisbeispiel

Frau Walter ist die gute Seele des Teams, die Kolleginnen weinen sich gerne bei ihr aus. Sie selbst hat auch allerhand Klagen: Da ist das Wasser in den Beinen, weshalb sie schlecht gehen kann, und kein Arzt*keine Ärztin kann helfen. Ihr Antrag auf eine Kur ist seit Monaten ohne Ergebnis offensichtlich unbearbeitet. Auch ist sie der Meinung, dass die Eltern es den Erzieherinnen nicht mehr genügend danken, wenn diese sich für die Kinder aufreiben. Hat eine Erzieherin einen Kritikpunkt an der Arbeitsweise der Leitung der Kita, bespricht sie das erst einmal mit der Kümmerin Frau Walter, nicht mit der Leitung selbst. Und manchmal fühlt sich die Kümmerin auch verpflichtet, ihrer Kollegin im Gespräch mit der Leitung beizustehen.

Am Anfang ihrer beruflichen Laufbahn war die Kümmerin begeistert, schwungvoll und voller Ideen. Die letzten Jahre sieht sie allerdings nur noch Verschlechterungen ihres Berufs und es fehlen ihr der Dank und die Anerkennung. Die bekommt sie nicht durch ihre Fachkompetenz und ihr berufliches Engagement, sondern vor allem durch ihre Fürsorge für andere auf der Beziehungsebene. Der Glaubenssatz der Kümmerin lautet: Denk zuerst an deine Kolleginnen! Nimm dich selbst zurück und fordere nicht zu viel!

Die Kümmerin muss lernen, ihre eigenen Bedürfnisse wahrzunehmen und Wünsche wie Bitten an andere direkt zu äußern, dann trägt sie maßgeblich zu ihrer Selbsterlösung bei. Auch sollte sie untersuchen, wie sie außerhalb einer Retter*innenrolle Beziehungen zu anderen Menschen aufnehmen und gestalten kann. In ihrer Arbeit könnte sie sich mehr auf die fachliche Entwicklung und die Aufgabenebene konzentrieren und sehen, dass der Arbeitsplatz keine Familie und kein Freundeskreis ist.

Die Aufopfernde

Diese Erzieherin ist enttäuscht von ihrer beruflichen Laufbahn, aber die Sicherheit, die der Kindergartenträger bietet, ist für sie verlockender, als sich neu zu orientieren und weiterzuentwickeln. Sie sieht die Arbeit mit den Kindern vor allem aus der betreuenden Sicht und klagt gerne über die stetig steigenden Anforderungen und Erwartungen an die bildende Tätigkeit der Erzieherin mit dem Anspruch, Kinder zu selbstbewussten und selbstständigen Menschen zu erziehen.

Praxisbeispiel

Frau Klein arbeitet seit zwanzig Jahren in der Kita Erlenweg als Gruppenleitung und wird nicht müde, in Teamsitzungen das Tempo betreffend die Umsetzung neuer Ideen und Angebote zu drosseln. Sie mahnt, zweifelt und blockiert, und sagt gerne den jüngeren Kolleginnen und Kollegen, dass diese von ihr und ihrer Berufserfahrung noch etwas lernen können. Zu Hause steckt sie in einer langweiligen, lieblosen und kinderlosen Ehe fest und schafft es nicht, sich zu trennen, obwohl sie weiß, dass ihr Mann eine Geliebte hat. Frau Klein hat nur eine Freundin, die seit einiger Zeit an Krebs erkrankt ist, und die sie nicht zusätzlich mit eigenen Problemen belasten will. Einerseits zieht sie ihre Anerkennung aus der emotionalen Wärme im Umgang mit den Kindern der Kita, andererseits beklagt sie sich häufig über das, was ihr die Arbeit abverlange.

Die Aufopfernde ignoriert ihre Bedürfnisse nach Unabhängigkeit und Selbstständigkeit. Es fehlt ihr an Erfahrungen, die sie in ihrer Selbstwirksamkeit unterstützen und bestätigen. Ihr Glaubenssatz lautet: Sei nicht du selbst und tanze nicht aus der Reihe!

Die Selbsterlösung der Aufopfernden kann darin bestehen, aus ihrem alten Trott herauszukommen und Neues auszuprobieren. Sie sollte sich ihrer wahren Bedürfnisse bewusst werden und aus der rein gebenden Rolle aussteigen. Statt zu klagen und zu jammern, muss sie lernen, ihre Wünsche in konstruktiver Weise und in Form einer klaren Bitte an andere zu richten. Eine gute Möglichkeit der beruflichen Weiterentwicklung könnte eine interessante Nebentätigkeit sein, die nicht mit einer sozialen Ausrichtung zu tun hat, oder eine Funktion in einem Verein oder politischen Gremium zu übernehmen. Die eigene Kreativität zu entdecken, könnte auch ein Geschenk an sich selbst sein.

Die Hexe

Die Erzieherin mit Hexenenergie beeinflusst andere Menschen emotional unmittelbar und zunächst auch gewinnend. Weil sie schnell unkontrolliert wird, ist sie anderen aber bald unheimlich. Da ihr eine sachliche innere Erwachseneninstanz fehlt oder nur schwer zugänglich ist, führt ihre überschüssige emotionale Art auf Dauer meist nicht zum gewünschten Erfolg, sondern trifft auf Irritation und Ablehnung. Sie schafft es auch nicht, sich mit anderen Frauen auf einer offenen und ehrlichen Ebene zusammenzutun, sondern konkurriert mehr oder weniger verdeckt mit ihnen.

Praxisbeispiel

Die Leitung der Kita Rosenstein ist schockiert, denn eben hat sie einen Anruf ihrer Vorgesetzten bekommen, dass eine Mitarbeiterin sich dort über anscheinendes Mobbing beklagt hat. Die Erzieherin würde unangemessen in ihrer Arbeit beschnitten und kontrolliert, außerdem von anderen Kolleg*innen im Team ausgegrenzt, unterstützt durch die Leitung. Die Vorgesetzte der Leitung will hören, was an diesen Vorwürfen dran ist.

Die Hexe intrigiert gerne, sieht sich dabei jedoch als Opfer und nicht etwa als Täterin. Wenn sich andere gegen ihr Verhalten oder sie als Person abgrenzen, verstärkt sie ihre Destruktivität, zum Beispiel in Form von weiteren Angriffen oder Streuen von Gerüchten. Im Geheimen weiß sie, dass ihre vermeintliche Stärke verheerend wirkt und dass sie Dinge tut, die eigentlich nicht in Ordnung sind. Ihr Glaubenssatz lautet: Traue niemandem! Bleib auf Distanz! Du bist besser als die anderen!

Die Selbsterlösung der Hexe dürfte sich nicht einfach gestalten, denn ihre manipulierenden Muster sind durchaus im Grenzbereich zum Pathologischen anzusiedeln. Es ist fraglich, ob sie damit für die Tätigkeit einer Erzieherin geeignet ist, und ob sie es schafft, ohne professionelle Hilfe aus ihrer Destruktivität herauszukommen. In welcher Form auch immer sollte sie in einer annehmenden Grundhaltung sich selbst und anderen gegenüber sehen, dass alle Menschen auf einer Ebene gleich sind und die gleichen Bedürfnisse und Wünsche haben. Sie muss lernen, anderen auf Augenhöhe zu begegnen und Manipulationen zu beenden. Nur so kann sie sich in eine Gemeinschaft und ein Team an einem Arbeitsplatz integrieren.

Die Kämpferin

Als Kind war diese Erzieherin bereits früh selbstständig, zum Beispiel, weil beide Elternteile voll berufstätig waren oder nichts von „verzärtelten" Mädchen hielten. Sie verfügt über eine Reihe sogenannter männlicher Qualitäten und hatte vielleicht auch den Eindruck, dass sie als Junge erwünschter gewesen wäre. Sie kann Frauen mit sogenannten weiblichen Attributen nicht leiden und tritt mit Männern gerne in Konkurrenz.

Praxisbeispiel

Sie nimmt jeden Wettkampf auf, die Erzieherin Mary im Regenbogenkindergarten, und zeigt auch außerordentliche Leistungen. Manche Kolleginnen stören sich aber daran, dass sie herablassend reagiert, wenn auch einmal Zweifel und Ängste geäußert werden. Man spürt, dass kein gegenseitiges Vertrauen herrscht, weil immer wieder Alleingänge ohne Abstimmungen getätigt werden. Es gibt wenig Kooperation und gegenseitige Unterstützung.

Die Kämpferin vermeidet mit einer gewissen Arroganz die Kooperation mit anderen und verwechselt diese mit einer Abhängigkeit. Sie bewegt sich nicht auf Augenhöhe und hat sich schon früh in ihrem Leben entschieden, ihre Bedürfnisse unabhängig von anderen Menschen zu erfüllen. Ihr Glaubenssatz lautet: Denk vor allem an dich und traue niemandem!

Wenn die kämpferische Erzieherin wahrnimmt, dass sie sich durchaus nach vertrauensvollen und verbindlichen Beziehungen mit anderen Menschen sehnt, kann sie ihren Hochmut verlassen und sich besser in eine Gemeinschaft integrieren. Sie sollte ihren Wünschen angemessen Ausdruck verleihen und lernen, andere um etwas zu bitten. Wenn sie es schätzen lernt, dass das Gemeinsame manchmal schöner ist als allein zu sein, kann sie die stete Konkurrenz aufgeben und sich mehr auf eine Kooperation hin ausrichten.

Die Macherin

Die Macherin ist mindestens als Gruppenleitung tätig, aber häufiger als Einrichtungsleitung, vielleicht auch auf einer darüber hinausgehenden Position. Sie glänzt durch harte Arbeit und mit einem großen Durchsetzungsvermögen. Sie musste früh selbstständig werden und hat sich ihren eigenen Weg erkämpft. Frauen, die weniger durchsetzungsfähig und agil sind, werden von ihr belächelt. Sie kann niemanden neben sich dulden und hat, wenn sie eine Leiterin ist, entweder keine Stellvertretung oder eine ohne eigenes Profil und Aufgabenportfolio. Die Macherin kann Macht schwer teilen.

Praxisbeispiel

Frau Sommer kommt aus einer Lehrer*innenfamilie und muss sich selbst mit 50 Jahren und einer langjährigen Tätigkeit als Kita-Leitung noch bei jedem Familienfest vorwerfen lassen, dass sie nur Erzieherin geworden ist und nicht studiert hat. In letzter Zeit plagen sie gesundheitliche Probleme und ihr Arzt rät ihr an, in eine Kur zu gehen und danach ein Stück weit kürzerzutreten. Frau Sommer gibt widerstrebend nach. Während ihrer Abwesenheit geht es in der Kita drunter und drüber, weil sie ihre Stellvertretung zu keinem Zeitpunkt in die Leitungsaufgaben eingeführt hat.

Die Macherin tut sich schwer mit sogenannten weiblichen Fähigkeiten der Empathie, Intuition und Netzwerkorientierung. Sie will und kann am besten allein arbeiten. Wenn sie abgibt und auch einmal um Unterstützung oder gar um Hilfe bittet, hat sie das Gefühl, die Kontrolle zu verlieren. Der Glaubenssatz der Macherin lautet: Vertraue niemandem und mach es selbst, dann bist du am besten dran!

Wenn die Macherin erkennt, dass ihre Stärke einsam macht, und dass sie in Gefahr gerät, wenn sie einmal wirklich Hilfe braucht, weil womöglich dann keiner da ist, kann sie die Qualitäten weiblicher Solidarität und Kooperation schätzen lernen. Sie erlöst sich dann selbst von lauernder Überforderung und Überlastung, und damit auch von Gesundheitsrisiken.

Keine Kopie – sondern Original

Ich hänge oft Tagträumen nach. Meine Eltern nennen das „Ella-Welt". Ich denke mir dann richtig coole Sachen aus.

Ella, 9 Jahre (in Parker, K.T. (2018): Wilde Mädchen. Am schönsten sind wir, wenn wir niemandem gefallen wollen. München: mvg Verlag, S.254)

Wer entscheidet, nicht als Kopie von wem auch immer, sondern als ureigenes Original durchs Leben zu gehen, entdeckt andere interessante Originale und zahlreiche individuelle Möglichkeiten und Chancen. Das Original atmet, lacht, träumt, tanzt, liebt und gedeiht. Es wächst an Herausforderungen. Die größten Kritiker der Erzieherinnen sind sie selbst, aber damit verstellen sie sich den Weg zur Fülle und Zufriedenheit. Sie schlagen sich stattdessen mit Unsicherheit, Sorgen und Zweifeln herum, und sie vergleichen sich mit anderen. Die Entdeckung der eigenen und einzigartigen Persönlichkeit und der Stolz darauf unterstützen den Weg zum Original. Dabei helfen die Fragen:

- Worüber definiere ich mich?
- Was macht mich aus?
- Wo möchte ich wie sein und wie handeln?
- Wann habe ich auf mein Herz gehört?
- Wann bin ich ganz bei mir?
- Wofür stehe ich ein?
- Was packe ich als Nächstes an?

Wie schön, wenn wir den ersten Urlaubstag erleben und morgens aufwachen, ohne dass der Wecker klingelt. Wie schön, sich zu dehnen, zu räkeln und zu genießen, einfach liegen zu bleiben. Keine Wolke weckt trübe Gedanken. Die Sonne scheint und kitzelt unsere Nase. Was wäre das Schönste, das uns an einem solchen Tag passieren könnte? Und was davon könnten wir aus dem Urlaub in unseren Arbeitsalltag mitnehmen?

Praxisübung

Das Original kann sich immer wieder mal fragen, was es bisher erreicht und gelernt hat. Welche früheren Erfahrungen sind zu Ressourcen für das Heute geworden?
Aus welchen Fehlern hat man gelernt?
Was würde das Original seinem früheren Selbst mit dem Wissen von heute sagen? Welche Wünsche sind gerade präsent?
Was braucht es, um sie zu erfüllen, und welchen Preis würde man dafür zahlen?

Praxistipp

Man nehme ein flexibles Metermaß und schneide das bisherige Lebensalter ab. Diesen Streifen klebt man an die Wand oder auf eine Unterlage. Dann schneidet man von der zweiten Hälfte des Bandes die durchschnittliche Lebenserwartung der Frau ab (derzeit 82 bis 83 Jahre). Dieses Stück klebt man neben den ersten Streifen. Den dritten Teil (bis 100) klebt man daneben, denn vielleicht wird man ja älter. Der Blick auf die eigene Endlichkeit kann helfen, seine Träume zu priorisieren und in angemessener Zeit umzusetzen.

Vom Schatten

Ich erkunde gern alles Mögliche.
Dabei lerne ich viel über die Welt und mich selbst.

Sophia, 9 Jahre (in Parker 2018, S. 244)

C. G. Jung hat in Abhängigkeit von seinem Personamodell das Schattenkonzept entwickelt (vgl. Kast, V. (2016): Der Schatten in uns. Die subversive Lebenskraft. Ostfildern: Patmos). Die Persona regelt unsere Beziehungen zur Außenwelt und zeigt das Ideal unseres Selbst auf. Ideale verfolgen einen hohen Anspruch und wir lehnen unangenehme Seiten von uns, die nicht in dieses Bild passen, gerne ab. Oder wir merken, dass wir mit bestimmten Facetten unseres Selbst nicht auf Akzeptanz in der Außenwelt stoßen und verbergen sie. Es gehören aber alle Seiten zu uns, auch unser Schatten. Mit Schattensensibilität untersuchen wir die Qualität solcher verborgener Persönlichkeitsanteile. Wir gewinnen an Selbsterkenntnis, Selbstakzeptanz und an Selbstvertrauen. Damit nutzen wir unseren Schatten und werden ein reifer Mensch, der in sich ruht, und damit auch zu einem kraftvollen weiblichen Modell für Mädchen und Jungs in der Kita (vgl. Mannhard, A. (2019b): Weiblich führen in der Kita. Berlin: Cornelsen, S. 85).

Die Persona entwickelt sich bei Kindern mit dem Schamgefühl ab etwa drei Jahren, wenn sie durch Erziehung erfahren, dass man sich mit verschiedenen Menschen und in unterschiedlichen Situationen entsprechend verhält. Als Jugendliche erproben wir verschiedene Rollen der Persona, meist im Abgleich mit unserer Peergroup, wobei unser Selbst noch recht instabil ist. Wir sind auf der Suche nach uns. Dabei stoßen wir an eigene Grenzen und an die im Außen, mit denen wir uns arrangieren, oder gegen die wir aufbegehren. Im besten Fall integrieren wir bereits dort ungeliebte Seiten von uns, aber meistens verdrängen wir sie, und es ist dann Aufgabe in der Entwicklung zum reifen Erwachsenen, alle Anteile in uns kennenzulernen und anzunehmen.

Praxisbeispiel

Anna bereitet sich in der Ausbildung zur Erzieherin auf jede Aufgabe hundertprozentig vor, auch wenn das gar nicht nötig ist. So steht sie unter permanentem Druck, auch zu unwichtigeren Aufgaben perfekte und herausragende Ergebnisse abzuliefern. Dies entspricht ihrem Ideal von sich und sie überträgt es auf die Ausbildungssituation. In der Vorbereitung zur Prüfung kollabiert sie und muss ins Krankenhaus eingeliefert werden. Weil sie aufgrund ihrer Ansprüche an sich selbst nicht priorisiert und Wichtiges nicht von Unwichtigem unterscheidet, wird deutlich, dass sie so die Prüfung nicht bestehen kann. Ihr Ich-Ideal bricht zusammen. Anna kann das nicht aufhalten, da sie keine Kompensationsmöglichkeiten hat. Hätte sie ihren Schatten angenommen (auch mal nicht perfekt sein, Mut zur Lücke haben, durchschnittlich sein), hätte sie unangenehme Gefühle im Rahmen ihrer Prüfungsvorbereitung regulieren und die Krise leichter bewältigen können.

Praxistipp

Das Ich-Ideal setzt sich nicht nur aus unseren eigenen Erwartungen an uns selbst zusammen, sondern auch aus denen der Umwelt. Insofern ist es wichtig, im pädagogischen Berufsalltag immer wieder zu reflektieren, welche Vorstellungen Erzieherinnen davon haben, wie die Mädchen (und auch Jungs) in der Kita sein und sich verhalten sollen. Das können sie für sich selbst, aber auch im Team tun. Bemerkt man dabei einschränkende Botschaften, festgelegte Rollenbilder oder ungünstige Bewertungen, sollte man daran arbeiten, diese zu hinterfragen und zu verändern.

Weshalb ist das Leben Prominenter für viele Frauen interessant? Diese trauen sich was und haben etwas erreicht. Allerdings müssen gerade Prominente häufig eine perfekte Persona nach außen zeigen und umso spannender wird es für die gewöhnliche Frau, wenn sie hier Widersprüche und Verfehlungen entdeckt. Diese projiziert sie auf solche bekannten Personen und lenkt damit vom eigenen Schatten ab. Es ist viel interessanter, sich mit den menschlichen Abgründen anderer zu beschäftigen als mit den eigenen – und auch weniger gefährlich. Als Abgrund mag man seinen Schatten erleben, wenn man meint, ihn zu integrieren würde bedeuten, ihn unreflektiert auszuleben. Das ist jedoch nicht mit Schattenakzeptanz gemeint, sondern durch bewusstes Wahrnehmen aller Seiten uns selbst gegenüber toleranter und großzügiger zu werden. Meist sind wir dann auch gegenüber anderen wohlwollender und weniger kritisch. Und wir werden selbst lebendiger, kreativer und selbstbestimmter, um unseren eigenen Weg zu gehen. Wir setzen uns mit unseren Problemen wirklich auseinander, die wir ja bei anderen nicht lösen können, wenn wir lieber darauf sehen, was in deren Leben nicht gut läuft.

Praxisbeispiel

Frau Wagner amüsiert sich in der Kita über ihre Kollegin, weil diese in ihrem Gruppenraum, in ihrem Spind und im Personalraum übertriebene Ordnung hält. Es liegt nichts unnötig herum und am Ende der Teamsitzung wird schon gewischt und gespült, bevor alle aufgestanden sind. Zu Hause wird jedoch Frau Wagner immer wieder mal grinsend von ihrem Mann angesprochen, was eigentlich passieren würde, wenn sie einmal nicht mittwochs die Wohnung putzt. Mittwochs hat Frau Wagner ihren freien Nachmittag, und der ist schon seit vielen Jahren, unabhängig vom Wetter oder sonstigen Terminen, für das Putzen reserviert.

Was mag in Frau Wagner und ihrer Kollegin vorgehen, die sich fast schon zwanghaft um Reinlichkeit bemühen? Vermutlich wird dadurch etwas im Inneren in Schach gehalten und kontrolliert, das sie als bedrohlich erleben. Frau Wagner sieht ihn bei der Kollegin, ihr Mann bei ihr, aber sehen die beiden Frauen ihren eigenen Schatten auch? Wenn sie sich ihm zuwendeten, könnten sie erforschen, was hinter ihrem Verhalten steckt. Was würde passieren, wenn sie einmal ein paar Dinge liegen oder schmutziges Geschirr eine Weile stehen lassen, oder an einem Mittwochnachmittag einen Ausflug bei schönem Wetter machen und die Wohnung nicht putzen? Welche unangenehmen, aber vielleicht auch prickelnd aufregenden, Gefühle kämen da zu Tage? Was würden diese über bislang nicht gelebte Persönlichkeitsanteile der beiden Frauen aussagen?

Verena Kast beschreibt, wie die Verdrängung des Schattens uns destabilisiert und auch erpressbar macht, und vergleicht es mit Krimis. So wird zum Beispiel eine Affäre versteckt und plötzlich tauchen da Fotos von Liebesszenen auf, die dem Ehemann zugespielt werden, wenn man nicht zahlt (vgl. Kast

2016, S. 31). Aber auch weniger dramatisch können wir von anderen manipuliert werden, wenn wir nicht zu unserem Schatten stehen. Das heißt, dass wir Selbstverantwortung auch für unsere Persönlichkeitsanteile übernehmen, die uns so gewöhnlich und menschlich machen wie jeden anderen auch. Wir können genauer betrachten, was davon in unserem Umfeld weniger anerkannt wird, und eigene Entscheidungen treffen, wie wir mit diesen Anteilen umgehen. Wir werden selbstsicher, wenn wir eine bewusste Balance zwischen den Persönlichkeitsanteilen herstellen und leben, sowohl die sozial anerkannten betreffend als auch die, die zur inneren und äußeren Auseinandersetzung einladen. Das Potenzial des Schattens entdeckt, kann dieses zu mehr Vitalität und Lebendigkeit im Leben führen (vgl. ebd.).

Praxisbeispiel

Die Erzieherin Paula veröffentlicht immer wieder mal Artikel und Rezensionen in pädagogischen Fachzeitschriften. Eine Kollegin weist sie jedes Mal auf ihre völlig andere Meinung zum jeweiligen Gegenstand des Beitrags hin. Einer weiteren Erzieherin fällt das auf und sie fragt die Kollegin, ob sie vielleicht neidisch auf Paula sei.

Neid unter Frauen, gibt es den? Sicher, aber die meisten von uns würden sich den nicht gerne eingestehen. Die stete Kritik der Kollegin weist auf Neid hin, und sie versucht damit, den Stolz Paulas auf die eigene Leistung zu schmälern. Würde die Kollegin den Neid als ihren Schatten annehmen, könnte sie sich fragen, was dahintersteckt. Was gefällt ihr eigentlich an Paula, und was nimmt diese sich heraus, das sie sich selbst vielleicht nicht zutraut? Welche Potenziale liegen im Verborgenen und könnten zum Leben erweckt werden, sodass die Kollegin ein zufriedeneres Leben führen könnte (vgl. Mannhard, A. (2019a): Führen im Sandwich. Berlin: Cornelsen & Mannhard, A. (2019b): Weiblich führen in der Kita. Berlin: Cornelsen)?

Traumdeutung

Unsere nächtlichen Träume stellen häufiger fremde Umgebungen und Personen dar, und somit auch uns noch unbewusste oder unbekannte Anteile. So können fremde Menschen in einem Haus im Traum aufzeigen, dass wir uns durch das, was sie ausstrahlen, bedroht fühlen. Wenn wir schauen, was diese fremde Person mit uns selbst zu tun hat, können wir uns dem annähern und die Angst in offene Neugierde verwandeln. Lebt dieser Fremde etwas, das uns etwas Neues aufzeigt? Was würde passieren, wenn wir dem im realen Leben nachgehen? Traumfiguren übernehmen Rollen, die der Träumer ihnen zuweist, und sie zeigen Teilaspekte der Persönlichkeit und Projektionen des Innenlebens auf (vgl. Ball, P. (2007): 10.000 Träume. Traumsymbole und ihre Bedeutung von A–Z. München: Goldmann). Unsere Träume sind Teil von uns, auch wenn sie von bislang Unbekanntem handeln. Wir profitieren von ihnen, wenn wir dieses mit unserer Identität und unserem Leben verbinden. Auch bestimmte Aspekte der Landschaften und Umgebungen in unseren Träumen können, je nachdem, ob sie uns bekannt oder unbekannt sind, aufzeigen, wofür wir unseren Horizont öffnen sollten, um neue Richtungen in unserem Leben einzuschlagen. Wir erkennen, auf was wir uns vorbereiten und zubewegen können. Damit agieren wir in persönlicher Freiheit und richten uns auf neue Erfahrungen aus.

Praxistipp

Wir können ein Traumtagebuch anlegen und unsere Träume gleich morgens aufschreiben, solange sie noch präsent sind. Wenn wir das regelmäßig tun, erinnern wir uns immer besser an sie. Wir können Bilder, Gefühle und Schlüsselwörter markieren und uns überlegen, was sie mit unserem jetzigen Leben und mit unseren Hoffnungen und Befürchtungen zu tun haben. Dabei können wir qualifizierte Bücher zur Deutung von Traumsymbolen zur Hilfe nehmen (vgl. ebd.; Mannhard, A. (2019b): Weiblich führen in der Kita. Berlin: Cornelsen, S. 99).

Praxisübung

In der Auseinandersetzung mit unserem Schatten können Sinnfragen weiterhelfen, die wir uns stellen, und die uns aufzeigen, welche noch nicht integrierten Potenziale in uns schlummern, die wir zum Leben erwecken könnten:

- Lebe und arbeite ich zufrieden?
- Wenn es darauf ankäme, was würde ich jetzt neu tun und dafür etwas anderes sofort sein lassen?
- Was würde ich bedauern, wenn ich jetzt erfahren würde, dass mein (Arbeits-)Leben bald zu Ende geht?
- Was ist mir wirklich wichtig?
- Was macht mich lebendig?
- Welche Wünsche und Ziele habe ich noch?
- Was kann ich tun, um meine Impulse umzusetzen?

Vom Mut

Ich kann mich auf einem Tier halten, das fünf Mal so viel wiegt wie ich.
Ich vertraue ihm mein Leben an. Stärke wird nicht durch Muskelkraft bestimmt,
denn egal, wie stark du bist, dein Pferd ist immer stärker.
Wahre Stärke kommt von wahrer Entschlossenheit.

Cara, 16 Jahre (in Parker 2018, S. 250)

Es gibt wohl keinen Mut ohne Angst, denn immer gibt es etwas zu überwinden, wenn man mutig ist. Dazu benötigt es ein Ziel, eine entschlossene Haltung und Pragmatik in der Umsetzung. Wer so durchs Leben schreitet, ist in aller Regel selbstbewusst und mutig. Er oder sie weiß, dass der mutige Weg kein einfacher ist, sondern immer wieder vor Herausforderungen stellt. Allerdings ist die Kehrseite der Medaille, dass es für den Mutigen nichts Schlechtes gibt, aus dem er nicht lernen könnte. So oder so gewinnt er an Stärke.

Praxistipp

Man kann immer wieder überprüfen, wo man sein Leben in die eigenen Hände nimmt und wo man die Selbstverantwortung an andere abgibt.

„Wie machst du das? So fragen den Mutigen manchmal die Menschen, die sich als Opfer fühlen. Sie wissen dabei nicht genau, was sie fragen, aber sie spüren dem Mutigen an, dass in seinem Leben etwas anderes geschieht als in ihrem. […] Ich habe Angst, aber wenn ich dadurch etwas über die Welt lerne, bin ich bereit, die Angst in Kauf zu nehmen. Ich will keine Angst vor der Angst haben. Ich will mich auf meinen Mut konzentrieren. […] Angst zu haben ist menschlich. Aber in der Ängstlichkeit zu verharren ist etwas, wogegen wir uns entscheiden können“ (Schaffer, U. (2013): Handbuch der Mutigen. Freiburg: Kreuz, S. 11).

Um seinen Mut zu kultivieren, helfen die folgenden Einstellungen:
- Ungewissheit öffnet neue Türen.
- Verlust kann Wachstum bewirken.
- Alles hat seinen Sinn.
- Ich bin geschützt und mit anderen verbunden.

Veränderungen fallen schwer, sind aber möglich und oft einfach nur ungewohnt. Die Sehnsucht, die dem Veränderungswunsch zugrunde liegt, ist der Kern, der zum Mut führt. Wenn wir uns auf ein wirklich motivierendes Ziel hin ausrichten, finden wir den Mut für eine Veränderung. Unsere Lebensmuster ändern sich nicht durch Schonung, sondern nur durch Aktivität. Wenn wir mutig sind, stehen wir in unserer eigenen Größe.

Petra Stadtfeld kennt schöne Mut kultivierende Einstellungen, zum Beispiel:
- Höre auf deine innere Stimme und gehe deinen Weg.
- Mach dir bewusst, wofür es sich zu kämpfen lohnt.
- Die Welt steht dir offen.
- Was du denkst und fühlst, ist wichtig.
- Was vorbei ist, ist vorbei. Sieh nach vorn und wage es, neue Wege zu gehen.
- Das Leben kommt dir entgegen.
- Prüfe, was du wirklich brauchst.
- Gib dein Bestes und nutze die Chancen, die das Leben dir bietet (vgl. Stadtfeld, P. (2018): Nur Mut, alles wird gut. Eschbach: Verlag am Eschbach).

Praxisübung

Man wähle fünf Personen aus und frage sie nach ihren Mut-Mach-Tricks.
1. Person: …
2. Person: …
3. Person: …
4. Person: …
5. Person: …

Dann wird überlegt, welche Tricks man selbst auf Lager hat:
Welche Personen haben einen in der Kindheit und Jugend wegen ihres Muts beeindruckt, und weshalb?
Welche Eigenschaften dieser Personen traut man sich selbst auch zu?
Wie ermutigt man die Kinder in der pädagogischen Arbeit?

(vgl. Mannhard, A. (2018a): Der Lebensspur folgen. Biografiearbeit für Erzieherinnen und Erzieher. Freiburg: Herder, S. 30–31)

Von der Willenskraft

Zufriedenheit stellt sich ein, wenn man sich anstrengt, sich durchbeißt, mit Leidenschaft und Entschlossenheit an etwas arbeitet.

Rainah, 12 Jahre (in Parker 2018, S. 248)

Erzieherinnen benötigen einen starken Willen und Selbstdisziplin, um ihre Ziele zu erreichen. Die Willenskraft ist aber keine stabile Charaktereigenschaft, die man hat oder nicht. Sie kann sich aufgrund unserer unterschiedlichen Befindlichkeiten und unseres jeweiligen Energiehaushalts verschieden zeigen. Unsere Willenskraft hilft, dass wir Gefühle und Impulse zielgerichtet steuern können. Wenn wir mit einer grundsätzlichen Offenheit und Neugierde durchs Leben gehen und bei Rückschritten und Krisen dennoch Willenskraft aufbringen, erreichen wir Größeres. Willenskraft lässt uns ausgeglichener und zufriedener durchs Leben schreiten und wir gestalten mit ihr meist auch unsere sozialen Beziehungen erfolgreicher.
„Immer mehr Lehrer beklagen sich darüber, dass viele Kinder und Jugendliche heute harte Arbeit für altmodisch halten, dass sie sich kurzfristigen Vergnügungen hingeben und schwach, narzisstisch und wehleidig durchs Leben gehen. Diese kritischen Stimmen müssen wir ernst nehmen. In vielen Untersuchungen hat sich bestätigt, dass die Erfolgschancen im Leben drastisch sinken, wenn Kinder nicht lernen, ihre Impulsivität zu zügeln: Wer im Kindergarten nicht lernt, sein Temperament zu bändigen und sich zu konzentrieren, der hat später Schwierigkeiten in der Schule. […] Deshalb lohnt es sich, dass Eltern und Erzieher von Anfang an dafür sorgen, dass die Kinder Gelegenheit bekommen, ihre Willenskraft zu entwickeln. Und zum Glück können wir auch später im Leben dafür sorgen, dass unsere Willensstärke sich immer wieder regenerieren kann" (Vopel, K.W. (2015): Die Kraft des Willens. Ein Trainingsprogramm für Selbstkontrolle und Aufmerksamkeit. Salzhausen: iskopress, S. 10–11).

Die Vorteile einer gut entwickelten Willenskraft liegen auf der Hand. Sie lauten:

- Bessere Beziehungen zu anderen Menschen
- Größere Anerkennung im Beruf
- Bessere Empathiefähigkeit
- Größere emotionale Stabilität
- Gesünderes Leben durch mehr Ausgeglichenheit
- Mehr Lebensfreude und Aktivität
- Größere Beliebtheit in der sozialen Umgebung
- Bessere berufliche Chancen
- Glücklichere Partnerschaften

Doch auch wer nicht durch eine glückliche Kindheit, in der er oder sie positiv herausgefordert und gestärkt wurde, geprägt wurde, kann als Erwachsener an seiner Willenskraft arbeiten. *„Wir wissen heute, dass es möglich ist, seinen Willen zu trainieren, Schritt für Schritt. Und zum Glück gehört der Wille zu den Qualitäten, die ausstrahlen. Wenn ich meinen Willen in einem Sektor stärke, indem ich zum Beispiel regelmäßig laufe, verbessere ich auch meine Fähigkeiten zur Konzentration und Problemlösung. Mit anderen Worten: Die Stärkung des Willens in einem Bereich überträgt sich automatisch auf andere Lebensbereiche"* (ebd., S. 19). Hilfreich beim Ausbau der Willenskraft ist unser Glaube. Dieser stärkt unsere Entscheidungsfähigkeit. „Wenn viel auf dem Spiel steht, hilft uns die Überzeugung, dass eine höhere Macht hinter uns steht, die darauf achtet, dass wir richtig entscheiden und die das Beste für uns persönlich und für alle Beteiligten will" (ebd., S. 20). *„Gegenspieler unseres Willens sind nur zum Teil die anderen, die* *uns passiv oder aktiv Widerstand leisten. Ein besonders hinterhältiger Opponent steckt in uns selbst. [...] Diese Seite unseres Charakters untergräbt die anstrengenden, nachhaltigen Ziele unseres Willens. [...] Zum Glück können wir unsere Willenskraft stärken, aber wir müssen darauf achten, dass wir auch diese Seite mit ins Boot nehmen*" (ebd., S. 23).

Praxistipp

Um seinem Gegenspieler die Stirn zu bieten, kann man sich fragen, welche eigene Angewohnheit einem immer wieder einen Strich durch die Rechnung macht, wenn man ein eigentlich motivierendes Ziel verfolgen und umsetzen möchte. Diese identifiziert, kann man sie anpacken, reduzieren oder sogar ganz aufgeben.

Praxisübung

Um seine Selbstkontrolle zu verbessern, kann man auf einem Blatt Papier in der Mitte einen Strich ziehen. Die eine Seite steht für die eigene Impulsivität, die andere für die weise, disziplinierte Seite. Wo können die beiden Seiten sich im Hinblick auf eine Zielerreichung ergänzen, wo kann man mal der einen, mal der anderen Seite mehr Raum geben?

Klaus Vopel beschreibt, dass die eigene Willenskraft Schwankungen unterliegt und von Höhen und Tiefen geprägt ist. Fühlen wir uns müde oder krank, dürfte sie nicht besonders stark sein, sind wir zum Beispiel verliebt oder haben eine wichtige Aufgabe erfolgreich gemeistert, dürfte sie sich auf einer Spitze befinden. Um sich für das Auf und Ab seiner Willenskraft zu sensibilisieren, empfiehlt Vopel die folgende Übung:
„Nimm ein leeres Blatt Papier und zeichne eine waagrechte Linie als Zeitachse. Beginne morgens um 8 Uhr und ende zu der Zeit, wenn du normalerweise zu Bett gehst. Zeichne nun eine Kurve deiner Willenskraft mit Höhen, Tiefen und Wendepunkten" (ebd., S. 42).

Die Erzieherin mit Willenskraft kann sich durch folgende Fragen immer wieder daran erinnern, was sie stärkt:

- Wie verteidige ich meine Werte?
- Welche Erfahrungen haben meinen Willen gestärkt?
- Wann habe ich meinen letzten Erfolg gefeiert?

Von der Führung

Ich gebe alles, immer, selbst wenn niemand zusieht.
Meine Mama sagt, genau das macht Wahrhaftigkeit aus.

Parker, 10 Jahre (in Parker 2018, S. 122)

Führung bedeutet gleichermaßen Selbstführung, denn nur wenn eine Erzieherin sich selbst gut führt, eignet sie sich zur Leiterin. Führen mit Sinn und Tiefe bedeutet, seinen eigenen Werten zu folgen und eine persönliche Haltung zu seiner Rolle einzunehmen. Diese Kongruenz in der inneren und äußeren Übereinstimmung ist ihr wichtigstes „Führungsinstrument". Hinzu kommt das klassische Handwerkszeug einer Leitung, etwa eine gute Selbstorganisation und Planung sowie Umsetzung im Außen, die Fähigkeit zur Priorisierung und zum Zeitmanagement, die Kunst der Gesprächsführung von der Teamsitzung über das konstruktive Feedback bis zur Konfliktmoderation, die Kenntnis von Change-Management-Prozessen. Das eine geht nicht ohne das andere, denn so kann sie zum Beispiel kein konstruktives Feedback geben, wenn sie nicht die Haltung der grundsätzlichen Wertschätzung verfolgt. Und sie kann mit Widerständen unter den Mitarbeitern bei Veränderungen nicht gelassen umgehen, wenn sie nicht weiß, dass die zum Change-Management gehören. Bernhard Waldmüller meint, „[…] *dass diese Spannung fruchtbar sein kann für den Führungsalltag: Sie verweist mich in meinem konkreten Führungshandeln immer wieder auf die Frage nach den Werten, an denen ich mich ausrichten will, sie lässt mich die Nicht-Steuerbarkeit komplexer Systeme erfahren und aushalten – und eröffnet gerade so einen Freiraum für ethische Fragen und eine persönliche Entwicklung*" (Waldmüller, B. (2019): Führen – sich und andere. Aufmerksam, frei, entschieden. Würzburg: Echter Verlag, S. 10).

Führen mit Seele

Inspirierte und inspirierende Leiterinnen sind wichtig, und zentral ist, dass sie in Verbindung mit ihrer Seele stehen. *„Reflektieren und mit der Seele erfühlen kann nur, wer Zugang zu seiner eigenen Seele hat. Dann wird ihm diese 'sagen', wie er sich zu diesen Themen [Arbeit mit Kindern, Anm. der Autorin], wozu auch die Pflege alter Menschen gehört, verhalten soll. Mir ist eine spirituelle Sicht des Kindes wichtig: Ein Kind ist nicht Besitz seiner Eltern*" (Zsok in Mannhard, A. (2019a): Führen im Sandwich. Berlin: Cornelsen, S. 106). Um in der Führung Antworten auf Seelenfragen und die eigene Haltung zu finden, *„[…] muss jeder von uns in eine Führungsrolle gehen und Verantwortung für die Ausrichtung des eigenen Lebens und für seine Interaktionen mit anderen übernehmen: bei der Arbeit, zu Hause, überall. Wenn wir dann fortfahren, uns von der Seele die Richtung weisen zu lassen, stellen wir irgendwann fest, dass uns andere um Rat fragen, weil sie sich davon angezogen fühlen, dass wir sie mit Respekt behandeln und auf ihre Bedürfnisse geschickt von einer höheren Warte aus eingehen*" (Chopra, D. (2016): Mit dem Herzen führen. Management und Spiritualität. Burgrain: KOHA-Verlag, S. 6). Deepak Chopra meint, dass jeder eine Seele hat, und somit auch das Potenzial, andere zu führen. Voraussetzung ist der von Zsok genannte Zugang zu ihr. Es sei jedoch keine Führung im herkömmlichen Sinne gemeint, in der es vor allem um die Behauptung von Macht durch Stärke demonstrieren geht. Echte Führungspersönlichkeiten sind in der Lage, visionär und kreativ auf andere einzugehen und sich mit ihnen verbunden zu fühlen. *„Ich verstehe die Seele als einen Ausdruck des allem zugrunde liegenden Bewusstseinsfeldes. Ihre persönliche Bewusstheit, Ihre Seele, ist eine Welle in einem grenzenlosen Meer: Für einen kurzen Moment erhebt sie sich in ihrer Einzigartigkeit, bevor sie wieder zurückfällt in das Größere, aus dem sie hervorgegangen ist. […] Die Seele hat – was keine Überraschung ist – Qualitäten, die jedem Schöpfungsprozess zu eigen sind: Kreativität, Intelligenz, Organisationskraft und Liebe*" (ebd., S. 9). Deepak Chopra sieht Führung als eine sich entwickelnde Reise mit unvorhergesehenen Drehungen und Wendungen, und die folgenden Kompetenzen sind dabei wichtig:

- *Hinschauen und Zuhören*: Unbeteiligtes Beobachten, Wahrnehmen des Herzens, tieferer Sinn.
- *Emotionale Verbindung*: Entdramatisieren, vergiftete Gefühle identifizieren und auflösen, in Klarheit die eigenen Bedürfnisse erkennen.
- *Bewusstheit*: Klarheit zu sich selbst und zur Situation, das Team inspirieren, sich damit auch auseinandersetzen.
- *Tun*: Handlungsorientierung, Vorbild sein, zu den eigenen Aussagen stehen, Ausdauer, Beharrlichkeit, Flexibilität, Humor.
- *Empowerment*: Selbstbewusstsein, auf Rückmeldungen eingehen, Unabhängigkeit von anderen Meinungen.
- *Verantwortung*: Besonnenheit bei Risiken, Integrität, innere Werte leben.
- *Synchronizität*: Fähigkeit, glückliche Umstände zu erschaffen, Unterstützung finden, über gute Ergebnisse hinausgehen (vgl. ebd., S. 10–11).

Entscheidungsfähigkeit

Zur Selbstführung gehören auch der Wille und die Kraft zur Entscheidung. Das ist im Alltag der Erzieherin und Leitung nicht immer einfach, denn scheinbar bieten sich stets unbegrenzte Wahlmöglichkeiten. Will ich auf der Stelle bleiben oder nicht, denn es gibt ja genug andere, vielleicht bessere? Was, wenn ich mich irre, und auf der nächsten Stelle warten die gleichen Probleme und Hindernisse? Soll ich dieses neue Angebot in unser Konzept aufnehmen, weil es trägt und nachhaltig ist? Oder ist es nur wieder eine Seifenblase einer neuen Idee, die bei der nächsten Gelegenheit platzt? Soll ich diesen Mitarbeiter halten, weil er mit den Kindern einen guten Kontakt hat, aber mit mehreren seiner Kollegen nicht gut auskommt? Diese Fragen ließen sich beliebig fortsetzen und gehören zum Führungsalltag dazu. Immerhin wird meist schnell deutlich, dass wir nicht alles haben können, sondern uns entscheiden müssen. Wer hier scheitert, verpasst die eigene Selbstwirksamkeit und blockiert als Leitung auch seine Mitarbeiter*innen, die mit ihren Anliegen und Bedürfnissen ebenfalls nicht vorankommen.

Dass meist zwei Seelen in unserer Brust wohnen, wusste schon Goethe in seinem „Faust". Bei einer Entscheidung sind das der Kopf und das Herz. Die sogenannten Kopfmenschen handeln nach der Faktenlage und suchen nach einer Begründung. Nur: Trifft das immer den Wesenskern der anstehenden Entscheidung? Was ist mit den Gefühlen, die immer auch mit einem ernsten Anliegen einhergehen? Die Kunst bei der Entscheidung ist, Sachverhalte mit Emotionen in eine Verbindung zu bringen. Denn auch der Gefühlsmensch muss lernen, sich keinen Stimmungsschwankungen auszusetzen, sondern seine Affekte für Entscheidungen fruchtbar zu machen. *„Die Sehnsucht, Kopf und Gefühl, Herz und Bauch, Sinne und Verstand immer besser in ein Ganzes zu 'integrieren', tragen wir in uns. Je weiter wir auf diesem langen Weg der menschlichen Reifung gelangen, desto leichter gelingen Entscheidungen. Und doch müssen wir schon unterwegs, in der alltäglichen Vollkommenheit und Brüchigkeit, ständig Entscheidungen fällen"* (Kiechle, S. (2018): Sich entscheiden. Würzburg: Echter Verlag, S. 13). *„Der eine ist ein Zauderer. Er verschleppt Entscheidungen, wahrscheinlich aus Angst, sich falsch zu entscheiden. Er glaubt immer, die Kompliziertheit der Lage noch nicht genügend durchschaut und geprüft zu haben und sich deswegen noch nicht entscheiden zu können. Er scheut das Risiko. […] Der andere will allzu schnell mit dem Kopf durch die Wand. Er will sofort Klarheit schaffen, ohne sich genügend Zeit zu lassen, das Für und Wider genau abzuwägen. Er weiß oder respektiert nicht, dass die Seele eine gewisse Reifezeit braucht, um Klarheit darüber zu erlangen, was sie braucht oder will. […] Man kann schwebende Zustände nicht ertragen und meint, das Risiko des Entscheidens durch Vorpreschen vermeiden zu können"* (ebd., S. 14–15). Es geht aber nicht nur um den inneren Druck, den Erzieherinnen und Leiterinnen bei anstehenden Entscheidungen spüren können, sondern auch um den, der ihnen von außen auferlegt wird. Wenn dann noch unklare oder wirre Umstände im Außen hinzukommen, kann Zeitdruck einen weiteren Störfaktor auf dem Weg zu einer guten Entscheidung darstellen. Deshalb kommt es hier in aller Regel zu verschleppten oder verfrühten Entscheidungen.

Stefan Kiechle spricht beim Entscheiden von der Fähigkeit, sich „indifferent" zu machen (vgl. ebd., S. 20–22). Demnach sollten wir unsere Regungen der Seele, wie Zuneigung, Vorlieben, Abneigungen, Abwehr und Ängste, genauer unter die Lupe nehmen. Dabei spielen auch unsere Gedanken und die Faktenlage eine wichtige Rolle. Demnach würden wir bei manchen Regungen den eigenen Vorteil suchen, was in Ordnung ist, und in anderen selbstlos bleiben. Diese Spannung bezeichnet Kiechle als „indifferent" (vgl. ebd., S. 21). Diese Unordnung in unseren Regungen darf unsere Entscheidungen nicht bestimmen, sondern wir sollten die Unterscheidung ein Leben lang einüben. Das Ziel ist die Indifferenz, sodass wir das Ungeordnete erkennen und uns von ihm befreien. In dieser gefundenen Freiheit haben wir die nötige Distanz zu uns selbst, sodass wir nach unseren Werten und wirklich wichtigen inhaltlichen Kriterien entscheiden. Bei dieser Befreiung spielen auch unsere vergangenen Erfahrungen in Form von Verletzungen eine Rolle, denn dann vermuten wir Unheil und haben Angst, dass sie sich wiederholen könnten. Manchmal sind Ängste eine wichtige Warnung, denn sie bewahren unsere Seele vor erneuter Beschädigung. Wenn sie jedoch überzogen sind, engen sie uns ein und machen unfrei. Wir meiden dann das Risiko, das mit jeder Entscheidung einhergeht, und entwickeln uns unter Umständen nicht weiter (vgl. ebd., S. 24).

Wenn eine Erzieherin oder Leitung mehrere Wahlmöglichkeiten hat, ist sie in einer guten Situation, denn sie darf oder kann ja wählen. Sie wird sich daran orientieren, welche Entscheidung für sie eine Verbesserung zur jetzigen Situation darstellt. Dabei kann sie Alternativen und ihre jeweiligen Regungen dazu gut wahrnehmen, danach bewerten und ein Urteil treffen. Hierbei helfen formale Kriterien, aber auch ihre persönlichen Werte und Haltungen (vgl. ebd., S. 26–27). Betreffend unsere Regungen kennen vermutlich viele Frauen die Intuition, die uns wie der Blitz aus heiterem Himmel treffen kann. Doch soll man ihr dann trauen? Wie weiß man, dass es sich um tragende Gefühle und keine Stimmungsschwankungen handelt? Um das herauszufinden, benötigt es einen Suchprozess: Wir beobachten unsere Emotionen und finden durch sie heraus, was für uns die beste Entscheidung ist. Aber auch eine andere Variante ist denkbar: Unsere Gefühle kommen nicht in den Fluss, sie sind blockiert. Dann kann man versuchen, die klassische Pro-und-Contra-Liste zu einer Entscheidung anzulegen und alle Argumente gut zu prüfen. Je nachdem, welche Seite überwiegt, deutet dies auf eine mögliche Lösung hin. Aber auch hier gilt: Eine fundierte Entscheidung treffen wir in der Regel weder rein intuitiv oder emotional noch rein rational aufgrund von Argumenten. Die Verbindung beider Ebenen ist der Königsweg.

Praxistipp

Eine Erzieherin kann sich vor einer Entscheidung immer die Frage stellen, wovon sie mehr möchte, und was dieses Mehr ausmacht. Die zweite Frage lautet, wohin einen dieses Mehr führt. Die dritte Frage heißt, welche Sehnsucht hinter diesem Mehr steckt, und was die Erzieherin letzten Endes mit ihrem Arbeitsleben anfangen will (vgl. ebd., S. 33–34).

Das Power-ABC

**Wenn ich ganz allein etwas tue, macht mich das stolz,
weil meine Persönlichkeit dann durchscheint.**

Ella, 8 Jahre (in Parker 2018, S. 242)

A Achtsamkeit

Achtsamkeit ist auch im Beruf eine Powerquelle, denn sie schenkt Erzieherinnen Kraft, Souveränität und Gelassenheit in der Ausübung ihrer Tätigkeit. Nicht nur das, sie schützt auch vor Burn-out, denn Erzieherinnen nehmen sich bewusster wahr, spüren, was sie brauchen, und setzen Grenzen, wenn ihnen etwas auf längere Sicht zu viel wird. Achtsamkeit in den Arbeitsbeziehungen umfasst sich selbst, die Kita-Leitung oder weitere Vorgesetzte, die Kinder mit ihren Familien und die Kolleginnen und Kollegen.

Praxistipp

Albrecht & Fries schlagen die folgenden Tipps zur Förderung der Achtsamkeit im Beruf vor:

- Nach dem Aufwachen eine 3-Minuten-Betrachtung vornehmen: Spüren, wie man liegt, wie sich der Körper anfühlt und wie der eigene Gemütszustand ist
- Ein paar Züge lang den Atem wahrnehmen
- Sich aufrecht hinsetzen und spüren, was gerade ist
- Auf dem Weg zur Arbeit die Schritte spüren und Unterschiede des Bodens wahrnehmen
- Beim Autofahren die Körperspannung und -haltung wahrnehmen
- Bei roten Ampeln in den Himmel schauen und seinen Atem wahrnehmen
- Am Arbeitsplatz bewusst ankommen
- Immer wieder bewusst den Wechsel zwischen Fokussierung und Weite erleben
- Sich ausreichend kurze oder längere Pausen gönnen, einen Wechsel der Umgebung vornehmen
- Gefühlte Anspannung durch Atemübung loslassen
- Auf dem Heimweg Geräusche, Düfte und Farben wahrnehmen
- Kurz Rückschau auf den heutigen Tag nehmen, dann den Wechsel nach Hause bewusst vollziehen
- Den Tag mit einem schönen Ritual ausklingen lassen

(vgl. Albrecht, G. & Fries, S. (2016): Achtsamkeit im Job. Zufriedener und entspannter mit MBSR. Freiburg: Herder)

B Beten

Wenn eine Erzieherin gläubig ist, kennt sie die Kraft durch ein Gebet, die ihr ein inneres Gleichgewicht in schwierigen Situationen verleiht, oder zumindest die Hoffnung und Zuversicht für Verbesserungen. Aber auch weniger religiöse Menschen können von der Kraft des gesprochenen Wortes profitieren, wenn sie für sie passende Worte und Wünsche in einem Moment der Besinnung laut oder leise sprechen. Ein Gebet ist kein Aufsagen einer Wunschliste an Gott oder eine „Bestellung an das Universum“. Es ist vielmehr ein Gespräch und der Ausdruck dafür, dass wir in der Stille unseres Herzens auf eine Antwort auf unsere Fragen und zu unseren Wünschen warten. Solche Auszeiten stärken uns. Sie können unser grundlegendes Vertrauen festigen und ausbauen.

Praxistipp

Es gibt keine festen Vorgaben oder Rituale für Gebete. Wenn eine Erzieherin neue Erfahrungen mit dem Beten machen oder alte erweitern möchte, hat Anselm Grün ein paar Tipps für die Umsetzung:

- Weihwasser aus einer Kirche in ein Gefäß neben der Haustüre gießen und jedes Mal, wenn man daran vorbeikommt, sich vorstellen, wie das Wasser einen von Ärger, Konflikten, bösen Worten oder trüben Gedanken reinigt. Ein Gebet dabei sprechen.
- Sich in der Haltung eines Kreuzes hinstellen und sich dabei vorstellen, wie die Gegensätze in einem hin und her strömen. Mit der Gebärde „die Welt umarmen" ins Unendliche greifen und ein Gebet sprechen.
- Beim Beten Gott die Hände wie eine empfangende Schale hinhalten, dabei stehen, knien oder Veränderungen der Positionen vornehmen und bewusst wahrnehmen. Beim Stehen kann man spüren, wie einen die Füße tragen und der Kopf wie eine Baumkrone gen Himmel ragt, beim Knien können wir loslassen und uns im Gebet selbst vergessen.
- Das Anbeten ist eine Gebärde des Niederfallens, im Liegen mit dem Gesicht zur Erde. Die Hände werden unter dem Kopf zusammengefaltet und die Stirn auf sie gelegt. Beim Gebet in dieser Geste geht es laut Anselm Grün nicht darum, sich klein zu machen, sondern zu erfahren, dass wir geborgen und getragen sind und zur Ruhe kommen können.
- Beim Gebet in der „Orante-Haltung" stellt man sich aufrecht hin, erhebt seine Hände und bildet mit ihnen eine große Schale, die zum Himmel hin offen ist. Im Gebet kann man sich vorstellen und sprechen, dass der Himmel sich über einem öffnet, und dass wir den Himmel für uns wichtige Menschen öffnen.
- Im Berufsalltag sitzen wir immer wieder und verbinden dies vielleicht mit Unbeweglichkeit. Anselm Grün schlägt vor, dem Geheimnis des Sitzens näherzukommen, indem wir aufrecht wie auf einem Thron sitzen. Wir spüren im Gebet unsere Würde und Freiheit.
- Ein Ring am Finger rundet als Kreis alles ab, was in uns oder in der Welt kantig ist. Er bringt das zusammen, was auseinanderfallen möchte, und vollzieht eine Einheit. Er hat keinen Anfang und kein Ende, sondern steht für Unendlichkeit. Im Gebet können wir uns vorstellen und sprechen, dass der Ring uns und unser Leben schützt.
- Jede Erzieherin hat einen Schlüssel oder einen Schlüsselanhänger, den sie von einem Geistlichen oder von sich selbst segnen lassen kann. Er stärkt das Vertrauen in Begleitung und Schutz auf unserem Weg, wenn wir ihn ansehen, befühlen und dazu beten.
- Die Kraft der Engel kann in einem Gebet erfahren werden. Wenn sich eine Erzieherin allein fühlt oder in innerer Not ist, gibt ein Engel Trost und Unterstützung. Dieser Engel kann in Form eines Impulses auftreten, in Menschengestalt durch eine hilfreiche Person in unser Leben treten oder als heilende Kraft unsere Seele berühren. Er gibt uns im Gebet Halt.

(vgl. Grün, A. (2016): Das Buch der Rituale. Jeden Tag erfüllter leben. Freiburg: Herder, S. 189–201).

C Change

Wenn man nur einen Buchstaben – das G – verändert, lautet das Wort: Chance. Demnach sind Veränderungen auch immer Möglichkeiten für etwas Neues und Besseres. Viele Erzieherinnen haben den Eindruck, dass die Anforderungen in ihrer Arbeit zunehmen und sie sich schnellen Veränderungen anpassen müssen. Die Zeit wird immer knapper und sie fühlen sich gehetzt bei der Arbeit. Die qualitative Zeit mit den Kindern leidet, weil eine gestiegene Bürokratisierung sich zu einem wahren Zeitfresser entwickelt hat. Wenn Erzieherinnen sich bei Veränderungen vor allem fremdbestimmt fühlen, verlieren sie den Blick auf ihre Mitbestimmung und die Gestaltungsmöglichkeiten, die sie immer haben. Denn viele haben Lust auf ihren Job, auf Leistung und auch auf Neues und Entwicklung. Veränderungen gelingen laut Monika Radecki am besten im Dreier-Team: Ich, das Team und der Arbeitsauftrag. Sie vergleicht dies mit einem dreibeinigen Hocker, der auch auf unebenem Gelände nicht wackelt (vgl. Radecki, M. (2019): Veränderungen am Arbeitsplatz meistern. Wie Sie sich fit machen für Change. Haufe: Freiburg, S. 25–27).

Monika Radecki beschreibt vier Veränderungstypen, die unterschiedliche Bedürfnisse, Ziele, Sorgen und Ängste haben:

- *Ritter* (Möchte unabhängig sein, Widerstände überwinden und Ergebnisse erzielen. Befürchtet, auf unbekanntem Terrain bezwungen zu werden.)
- *Seiltänzerin* (Sucht Kontakt und Neuland. Befürchtet, in unbekanntem Terrain benachteiligt zu werden.)
- *Sammlerin* (Schätzt Sicherheit und arbeitet am liebsten gemeinsam an Zielen. Befürchtet, auf unbekanntem Terrain alleingelassen zu werden und ihren Werten nicht treu bleiben zu können.)
- *Wachtmeister* (Mag klare Regeln, Orientierung, und will die Welt verbessern. Befürchtet, auf unbekanntem Terrain Fehler zu machen) (vgl. ebd., S. 11).

Wenn wir mit Veränderungen umgehen müssen, benötigen wir eine gute Selbstführung. Mit deren Hilfe steuern wir den Prozess so, dass wir uns aus unserer Komfortzone heraus entwickeln, uns auf neue Gegebenheiten einlassen und schauen, was nun von uns (anderes) gefordert ist. Eine gute Selbstführung hilft uns, dass wir den Prozess Schritt für Schritt mitgestalten können und nicht von der Komfortzone in die Überforderungszone geraten. Wichtig dabei ist:

- Sicherung des eigenen Status und Standpunktes, zum Beispiel durch eine gelingende Anerkennungskultur (vgl. Mannhard, A. (2020a): Von einer gelingenden Anerkennungskultur. In: Welt des Kindes. Freiburg: Lambertus).
- Sicherheit in Bezug darauf, genügend Wissen zu den Veränderungen und zu dem, was auf einen zukommt, zu haben.
- Eigene Gestaltungsmöglichkeiten bei Veränderungen zu haben.
- Entscheidungen mitbestimmen zu können und sich einem sozialen Umfeld zugehörig zu fühlen.
- Fairness im Umgang mit Veränderungen zu erleben.

Bei den Phasen und Chancen einer Veränderung unterscheidet Radecki die vier Ausrichtungen Ritter, Seiltänzerin, Sammlerin und Wachtmeister wie folgt:

1. *Ritter*
   - Will erfolgreich neue Wege angehen, muss dabei empathisch vorgehen und sein Verhalten reflektieren.
   - Er kann sich anstrengen und durchsetzen und sollte dabei zögerliche Teammitglieder nicht übergehen, sondern „mitnehmen“.

- Er mag die Herausforderung, sollte anderen gut zuhören und eigene Ergebnisse immer wieder überprüfen.
- Zum Ausgleich braucht der Ritter Sport und Schulungen, die ihn in seiner Effizienz unterstützen. Er kann, muss aber nicht stark sein, und kommt weiter, wenn er sich für die gemeinsame Sache einsetzt.

2. *Seiltänzerin*
   - Die Seiltänzerin ist emotional, flexibel und gibt Impulse. Sie muss lernen, dabei nicht sprunghaft, sondern geplant vorzugehen und Dinge zu Ende zu führen.
   - Sie hat Ideen und Spaß an Veränderungen, sollte aber auch auf zögerliche Teammitglieder eingehen.
   - Sie schätzt die Vielfalt und sieht Möglichkeiten, sollte dabei aber realistisch vorgehen.
   - Die Seiltänzerin kann mit einem Coach an ihrer Sprunghaftigkeit arbeiten und macht sich unabhängiger von der Anerkennung anderer.
3. *Sammlerin*
   - Die Sammlerin ist in neuen Situationen unterstützend für alle, sollte mehr auch auf ihre eigenen Bedürfnisse achten, wenn nötig Kritik üben und neue Wege mitgehen.
   - Sie sucht nach Gemeinsamkeiten und sollte auch mit anderen Meinungen und Haltungen konstruktiv umgehen.
   - Sie braucht Sicherheit und Strukturen auf lange Sicht hin und könnte bei Veränderungen flexibler und kreativer werden.
   - Die Sammlerin wirkt ausgleichend und sammelt für sich gut Kraft in Zeiten der Unsicherheit. Sie kann lernen, für sich selbst Forderungen zu stellen.
4. *Wachtmeister*
   - Der Wachtmeister kann Pläne aufstellen und bei Veränderungen strukturiert vorgehen. Er sollte sich aber nicht nur auf sich selbst verlassen, sondern in der Gemeinschaft positiv und, wenn nötig, auch mal spontan ausgerichtet sein.
   - Er kann die Arbeitswelt verbessern und sollte darauf achten, nicht gekränkt und stur zu reagieren, wenn andere die ein oder andere Ansicht nicht teilen.
   - Er geht Ursachen auf den Grund und definiert Ziele und Schritte zur Erreichung. Er ist noch besser, wenn er sich mit anderen vernetzt und auch einmal experimentiert.
   - Mit etwas mehr Offenheit und Kreativität kann er sehr gut neue Entwicklungen moderieren und auf Risiken und Chancen hinweisen (vgl. ebd.).

D Drama-Verzicht

Die Kita-Arbeit ist zum einen hochpolitisch, zum anderen hoch emotional, und manchmal lassen sich Erzieherinnen in Dramen involvieren oder sie inszenieren selbst welche. Dramen bestehen aus psychologischen Spielen, die einem selbst und anderen Beteiligten die Kraft rauben, weil sie in der Regel zu nichts Gutem führen. Eine Powerquelle ist, Dramen zu erkennen und darauf zu verzichten, sich daran zu beteiligen oder selbst welche ins Leben zu rufen. Beispiele solcher Inszenierungen finden sich nach der Transaktionsanalyse im Dramadreieck mit den Rollen Opfer, Retter und Verfolger (vgl. Mannhard, A. (2019d): Das Kita-Team. Informationen und Praxistipps rund um Teamentwicklung, Teamführung und Teamgesundheit. Aachen: Ökotopia). Nimmt eine Erzieherin die Rolle des Opfers ein, wertet sie sich anderen gegenüber ab, als Verfolgerin stellt sie sich über andere, und als Retterin meint sie, dass andere nur mit ihrer Hilfe in Ordnung sind. Opfer sind unfrei, schwach, ängstlich und passiv. Verfolger sind überkritisch, anklagend, vorwurfsvoll, egozentrisch und vermeintlich stark, indem sie andere herabsetzen. Retter sind vermeintlich stark, um Unsicherheit zu kaschieren, überfürsorglich, bevormundend und besserwisserisch. Das Erwachsenen-Ich agiert hingegen systematisch, analytisch, angemessen emotional, es erkennt Ursache und Wirkung und reflektiert das eigene Verhalten, ohne sich abzuwerten.

Praxisbeispiel

Maria ist mit ihrer Arbeit zufrieden, aber ihre Kollegin Martina in ihrer Gruppe treibt sie immer wieder zu neuen Aufgaben an. Wenn Maria einen Gang zurückschalten und die Aufgaben reduzieren will, klagt Martina, dass sie alles allein machen müsse (Opferrolle). Macht Maria Vorschläge für Alternativen, greift Martina plötzlich an: „Ich habe es nicht nötig, mich von einer Kollegin zurechtweisen zu lassen" (Wechsel in die Verfolgerrolle). Maria spürt, wie sich alles in ihr verkrampft, sie fühlt sich niedergemacht, und sie sagt zu Martina: „Es ist total ungerecht, wie du mit mir umgehst" (Opferrolle). Martina antwortet weinerlich: „In dieser Kita stehe ich immer allein mit allem da" (Opferrolle). Maria lässt sich erweichen und bietet Martina Hilfe bei der Erfüllung der Aufgabe an (Retterrolle).

Dieses psychologische Spiel lässt sich mit ständig wechselnden Rollen endlos weiterspielen. Der Hintergrund ist Jammern, Selbstmitleid, Selbstabwertung und Buhlen um Aufmerksamkeit und Zuwendung – an sich eine kindliche und wenig reife Ebene. Was fehlt, ist das Erwachsenen-Ich, auf dem sich beide Personen ebenbürtig begegnen, ohne sich gegenseitig Vorwürfe zu machen. Drama-Verzicht lohnt sich für Erzieherinnen, weil sie

- bessere und ehrlichere Arbeitsbeziehungen aufbauen,
- gelassener und sympathischer wirken und sind,
- sich emotional souveräner verhalten,
- sich nicht manipulieren lassen,
- erfolgreicher arbeiten, weil sie ihre Energie nicht mit Dramen verschwenden,
- ihre Teamfähigkeit durch echtes kooperatives Verhalten verbessern,
- sicher in sich selbst ruhen und dadurch Krisen durch Selbstzweifel vermeiden,
- ihr Wohlbefinden und ihre Gesundheit schützen.

E Erfolg

Wer für sich selbst eintritt, ist erfolgreicher. Dabei geht es nicht um Rücksichtslosigkeit oder sich auf Kosten anderer zu profilieren, sondern darum, selbstbewusst und selbstsicher seine eigenen Bedürfnisse und wichtige Interessen zu vertreten. Die erfolgreiche Erzieherin weiß, wann es sich lohnt, sich zu Wort zu melden und für etwas engagiert zu kämpfen. Sie weiß, was ihr im Arbeitsleben wirklich wichtig ist. Sie legt angemessene Formen der Durchsetzung an den Tag und ist erfolgreich. In aller Regel kommt das nicht verkrampft und verbissen daher, sondern zeigt ihren Spaß am persönlichen Erfolg.

Praxisübung

Eine Erzieherin kann immer wieder aktiv dafür sorgen, ihre „Glücksbilanz" zu erhöhen, zum Beispiel mit der Umsetzung der Antworten auf die folgenden Fragen:
- Wann bin ich vergnügt oder sogar glücklich in meiner Arbeit?
- Was waren bislang die schönsten Glücksmomente?
- Wie kann ich meine Dankbarkeit dafür ausdrücken?
- Wann habe ich das Gefühl, in meiner Tätigkeit „ganz aufzugehen"?
- Wie kann ich diese Qualitätskriterien erhalten und erweitern?
- Wenn ich als Oma in der Rente auf einer Parkbank sitze und mich jemand fragt: „Was war dir in deinem Arbeitsleben wirklich wichtig?", was antworte ich?
- Was würde ich vermissen, wenn es nicht mehr da wäre?
- Wofür setze ich mich ein und was kommt dabei zum Tragen?
- Was sind meine größten beruflichen Erfolge?

Das Arbeitsleben einer Erzieherin besteht in der Regel nicht nur aus Erfolgen, sondern sie muss auch mit Misserfolgen und zeitweisen Rückschritten umgehen können. Solche Erfahrungen stoßen an unsere Komfortzone und zwingen uns, sie zu erweitern. Hierbei helfen die folgenden 10 Schritte (nach Goldstein, C. (2016): Selbstvertrauen. Stark im Alltag. Stuttgart: TRIAS, S. 66–67):
1. Worst-Case-Szenario vorstellen: Was kann im schlimmsten Fall passieren?
2. Wäre das wirklich so schlimm? Welche Konsequenzen hätte es?
3. Könnte auch etwas anderes geschehen?
4. Best-Case-Szenario vorstellen: Was kann Wunderbares passieren?
5. Welche Gefühle verbinde ich mit dieser Vision?
6. Wie sehen die ersten Schritte aus?
7. Welche unangenehmen Gefühle erlebe ich bei dieser Vorstellung oder Umsetzung?
8. Konnte ich diese Gefühle schon einmal überwinden?
9. Wo liegen die Vorteile einer Veränderung?
10. Wer könnte mich bei diesem Vorhaben unterstützen?

Praxistipp

Charlotte Goldstein empfiehlt, sich für gelungene Aufgaben- und Rollenerfüllung ein Eigenlob zu erteilen, und zwar anhand konkreter Situationen, in denen man mit sich zufrieden war. Außerdem kann eine Erzieherin eine Collage ihrer bisherigen Erfolge und Meilensteine im Beruf erstellen und diese an einen schönen Ort hängen (vgl. ebd., S. 33, 41).

F Freude

Erzieherinnen erleben täglich, wie Kinder sich voller Freude in ihr Tun versenken. Sie können sich voller Hingabe einer Tätigkeit widmen und alles um sich herum vergessen. Dieser Flow ist aber nicht nur Kindern vorbehalten, sondern auch Erwachsenen zugänglich. Freude steht nicht immer im Einklang mit unserer Motivation, denn bei dieser wollen wir etwas tun und ein Ziel erreichen, unabhängig davon, wie es uns damit geht. Die Motivation kann aus unterschiedlichen Motiven heraus gespeist sein, zum Beispiel ganz profan daraus, dass wir mit unserer Arbeit Geld verdienen müssen. Mit Freude genießen wir unsere Arbeit und das, was wir tun. Was würde passieren, wenn Erzieherinnen ihre Arbeit öfter als freudvoll erleben könnten? Nach Lemper-Pychlau Folgendes:

1. Sie sind gesünder und ihr Immunsystem arbeitet besser.
2. Sie arbeiten leistungsfähiger.
3. Sie sind nettere Menschen, weil sie gut drauf sind (Lemper-Pychlau, M. (2018): Jeder Job kann glücklich machen. Hol dir die Freude an der Arbeit zurück. Heidelberg: Springer, S. 49).

Freude schafft somit eine Menge an Arbeits- und Lebensqualität. Sie erzeugt Energie und beflügelt unser Handeln. Sie wirkt wie eine Belohnung für das, was wir tun, und umgekehrt kann unser Tun Freude erzeugen. Freude ist emotional, authentisch und meist auch spontan.

Praxistipps für mehr Freude im Arbeitsalltag

- Den Blick und Fokus auf Freude ausrichten, Gelegenheiten, sich zu freuen, wahrnehmen und sich nicht unnötig in Frust und Ärger hineinsteigern.
- Selbst wenn Erzieherin der Traumberuf ist, wird man nicht jeden Tag von morgens bis abends darin glücklich sein. Deshalb in der Gegenwart leben, negative Erlebnisse gelassen annehmen und nach den guten Dingen suchen.
- Der eigenen Wahrnehmung, Interpretation und Bewertung gegenüber kritisch bleiben, vor allem der negativen. Nicht alles glauben, was man denkt!
- Den Menschen und Situationen nicht so viel Macht über sich geben, denn die Freude hat immer auch die Qualität des Trotzdem.
- Auf die eigene Psychohygiene achten und sich negativen Empfindungen nicht zu lange überlassen. Stattdessen Wege finden, sich wieder positiv auszurichten.
- Mentale Kontrolle bei Konflikten und Krisen bewahren und Situationen nicht impulsiv verschärfen.
- Abstand zu negativen Zeitgenossen halten.
- Nach Gelassenheit streben (vgl. Mannhard, A. (2018c): Was wir von MOMO lernen können oder Zeit ist Leben. In Praxishandbuch Elementarpädagogik – Ausgabe 8, 12/2008, Kapitel 12. Kulmbach: MGO-Fachverlage).

G Glaube

Pierre Stutz benennt „[…] die Kernkompetenz eines spirituellen Lebens: lebensbejahend in Verbindung zu treten mit dem ganz Einfachen, Ursprünglichen, weil das Wesentliche immer schon da ist" (Stutz in Nouwen, H. (2012): Die dreifache Spur. Orientierung für ein spirituelles Leben. Freiburg: Herder, S. 7–8). Wenn Erzieherinnen Spiritualität leben, nehmen sie sich wohlwollender und achtsamer an. Sie fragen weniger, wie sie sein sollten, sondern wie sie jetzt sind. Sie nehmen wahr, was ist, auch bei anderen, ohne alles gleich bewerten zu müssen. Sie entdecken die spirituelle Spur in ihrem Leben. Diese Offenheit ermutigt, in uns selbst göttliche Spuren zu entdecken, „[…] ohne dabei unsere Dunkelheit und unsere Abgründe zu verdrängen" (ebd., S. 8). Pierre Stutz beschreibt in seinem Vorwort zum Buch von Henri Nouwen die dreifache Spur eines spirituellen Lebens:

1. Stille wagen
„Die Spur zu einer geerdeten Innerlichkeit führt uns in die Stille. Der Weg in die Stille kann uns zuerst mit unserer Unruhe konfrontieren. Es lohnt sich, diesen Vor-Über-Gang immer wieder zu wagen, um den inneren Ruheort in uns zu betreten, denn er verbindet uns mit allem. […] Wir können unsere Einsamkeit in Stille verwandeln lassen. Es bedeutet, seinem ureigenen Weg zu trauen. […] Es geht um das Bedürfnis, auch bei sich selber zu Hause sein zu können. […] Stille soll nicht abgrenzen, sondern entgrenzen. Je

mehr wir unser Alleinsein sehen und erfahren, umso weniger müssen wir uns mit negativen Gedanken von den anderen und der Welt entfernen" (ebd., S. 9–10).

2. Gastfreiheit wagen
„Die Flut von erschreckenden Nachrichten, die uns beunruhigen, schmerzen, empören oder überfordern können. Diffuse Ängste können uns besetzen und unseren inneren Frieden gefährden. Wer mit einer solidarischen Offenheit unterwegs sein möchte, braucht mehr denn je die Gabe, sich schützen zu können. [...] Lebensbejahende Einsichten gehen davon aus, dass wir die anderen und die Welt nicht verändern können, sondern in uns einen verwandelnden Zugang zum Fremden und Bedrohlichen einüben sollten. [...] Wenn wir unsere eigene Feindseligkeit und Angst erkannt [...] haben, werden wir auch [...] ein Gespür für den Gegenpol entwickeln, zu dem wir nicht nur uns selbst, sondern auch unseren Nächsten führen möchten. [...] Nur der Arzt, der selber verwundet ist, kann wirklich heilen. Ein gesunder spiritueller Weg führt in die eigene Verletzlichkeit, die zur Kraft werden kann" (ebd., S. 12–13).

3. Gottesbeziehung wagen
„Echtes Beten beginnt mit der Verheißung und Zumutung, wesentlich zu werden. Ein lebendiges Gebet ereignet sich dank der Kraft der Wiederholung, ohne sich jedoch in einer Leistungsfrömmigkeit zu verirren" (ebd., S. 14). *„Es kann uns eine kraftvolle Orientierung sein, indem es uns auf uns selbst zurückwirft, auf unseren tiefsten Hoffnungsgrund, der schon da ist [...]. Diese Wegweisungen bestärken uns zu einer innigen Gottesbeziehung [...]. Beten ist keine Lebensversicherung, sondern ein all-täglicher Vertrauensakt"* (ebd., S. 15).

Praxisübung

Um einen Zugang zum Glauben zu finden und ihrer individuellen Glaubensgeschichte näherzukommen, kann eine Erzieherin Antworten auf die folgenden Fragen finden:

Wie wurde Glaube in meiner Herkunftsfamilie gelebt?
Welche Symbole und Rituale waren für mich wichtig und sind es vielleicht heute noch?
Was davon gehört für mich der Vergangenheit an?
Was davon pflege ich bis heute in Verbindung mit meiner Arbeit und möchte es auch in der Zukunft tun?
Was habe ich für mich neu entdeckt und integriert?
Welche Personen und Erfahrungen waren dabei wegweisend?
Gab es Verluste? Und wie könnte ich daran wieder anknüpfen?

Im Anschluss an die Antworten lohnt es sich, einen Spaziergang anzuschließen. Sammeln Sie in Erinnerung an die Notizen unterwegs Gegenstände aus der Natur, wie Steine, Äste, Wurzeln, Blätter usw. Wenn Sie zurück sind, legen Sie die Gegenstände auf einem Tuch aus. Betrachten Sie sie und meditieren etwa 15 Minuten lang zu den folgenden Fragen, zu denen Sie anschließend Antworten finden:

Wo stehe ich gerade in meinem Arbeitsleben?
Welche Menschen sind mir wichtig?
Welche spirituellen Bekenntnisse und Rituale sind für mich von Bedeutung?
Womit möchte ich aufräumen?
Wer oder was kann mir dabei helfen? ...

(Mannhard, A. Die Erkenntnis hat viele Gesichter. Spirituelle Biografiearbeit. Unveröffentlichtes Manuskript)

H Herz

Nach Christa Spannbauer liegen die Antworten des Lebens im Herzen: *„In vielen Weisheitstraditionen der Welt gilt das Herz als das Zentrum von Liebe, Mitgefühl und Weisheit und damit als Tor zum wahren Selbst. […] Zahlreiche Redewendungen des täglichen Lebens machen deutlich, dass wir das Herz als unser Gefühlszentrum wahrnehmen: So lässt das Glück unser Herz höher schlagen, das Leid hingegen schneidet in unser Herz und droht es mitunter zu zerreißen, wichtige Projekte unseres Lebens tun wir aus vollem Herzen […]"* (Spannbauer, C. (2018): Der Stimme des Herzens vertrauen. Erfüllt und achtsam leben. Freiburg: Herder, S. 7–8). Wenn Erzieherinnen einen guten Kontakt mit ihrem Herzen haben, erkennen sie Stressauslöser im Arbeitsalltag und deren Gefahrensignale. *„Oft sind es gar nicht die sogenannten kritischen Lebensereignisse, die den größten Stress in unserem Leben auslösen, sondern vielmehr die alltäglichen, immer wiederkehrenden Probleme, die mit Zeitnot, Termindruck, Hektik, zu hohen Anforderungen oder allgemeiner Reizüberflutung gekoppelt sind. Stress zeigt sich meist zuerst im Körper, etwa in Verspannungen, Bluthochdruck, Herzbeschwerden, chronischen Schmerzen oder einer Schwächung des Immunsystems"* (ebd., S. 16–17).

Praxisübung

„Die folgende Herzvisualisierung kann Ihnen dabei behilflich sein, in Kontakt mit Ihrem Herzen zu kommen und mehr über seine Befindlichkeit zu erfahren. Schließen Sie hierfür die Augen und visualisieren Sie Ihr Herz. Betrachten Sie es mit Ihrem inneren Auge. Wie sieht es aus? Welche Farbe hat es? Ist es groß oder eher klein? Sieht es lebendig und gesund aus oder zeigt es Zeichen der Schwäche? Pulsiert es kräftig oder pocht es zaghaft? Wie ist seine Oberfläche beschaffen? Hat es Risse, offene Stellen, Wunden? Zeigt es Bruchstellen? Welche Gefühle erweckt es in Ihnen, Ihr Herz zu sehen? Vielleicht nehmen Sie nach der Übung Buntstifte zur Hand und malen das Herz, wie es sich Ihnen jetzt gezeigt hat. Wiederholen Sie diese Übung in den nächsten Wochen. Sie werden sehen, dass sich Farbe und Form Ihres Herzens verändern werden" (ebd., S. 18–19).

I Intelligenz

Wenn eine Erzieherin über emotionale Intelligenz verfügt, kann sie ihre Gefühle zielgerichtet steuern und dazu beitragen, dass sie unangenehme Emotionen ausgleichen kann, sodass diese sie nicht auf längere Zeit aus dem inneren Gleichgewicht bringen und womöglich krank machen (vgl. Mannhard, A. (2019h): Pädagogische Teams emotional intelligent führen. Mit Schlüsselqualifikationen zum gemeinsamen Erfolg. In ZHB KiTa / Kindheit & Vielfalt. Regensburg: Walhalla). Emotionale Intelligenz bereitet den Boden in uns selbst und im Außen. Wir vertrauen uns besser, wenn wir uns im Umgang mit unseren Gefühlen sicher fühlen, auch mit den unangenehmen. Wir erspüren unseren Weg und erleben bewusst, was uns guttut und was nicht. Erzieherinnen arbeiten im Einklang mit sich selbst und setzen Grenzen, wenn sie dabei gestört werden. Was ihnen guttut, müssen Erzieherinnen erfühlen, sie können es sich nicht erdenken. Die Intuition ist gefühltes Wissen. Wenn wir ihr folgen, lassen wir los, was uns beschwert, und setzen um, was unseren positiven und erreichbaren Zielen der Arbeit entspricht.

Praxisübung

Der folgende Selbsttest zeigt anhand der Kreuze, die man bei Zustimmung setzt, wie gut es um die Fähigkeit zur emotionalen Intelligenz steht (je mehr Kreuze, desto besser!):

- ☐ Ich weiß, weshalb ich in bestimmten Situationen mit bestimmten Gefühlen reagiere.
- ☐ Ich kann unangenehme Gefühle beeinflussen und steuern.
- ☐ Ich kann über meine Gefühle sprechen.
- ☐ Ich interessiere mich für die Gefühle anderer und höre ihnen zu.
- ☐ Ich bin begeisterungsfähig und kann mich gut motivieren.
- ☐ Ich stecke andere Menschen immer wieder mit meiner positiven Stimmung an.
- ☐ Als Führungskraft gebe ich Mitarbeitern Orientierung und bin emotional berechenbar.
- ☐ Ich werde um Rat gefragt.
- ☐ Ich bin beliebt.
- ☐ Andere Menschen genießen meine Gegenwart und vermissen mich, wenn ich nicht da bin.

Praxistipps für einen emotional intelligenten Berufsalltag

1. Mich durch Antworten auf folgende Fragen besser kennenlernen:
   - Wer oder was hat mich geprägt?
   - Was macht mich aus?
   - Erlebe ich mich als authentisch?
   - Sind die Rollen und Aufgaben, die ich ausübe, im Einklang mit mir?
   - Welche meiner Bedürfnisse sind in meiner Arbeit erfüllt und welche nicht?
   - Kenne ich meine Ziele?
   - Was kann ich gut?
   - Was macht mir Freude?
   - Welche Schwächen möchte ich angehen und ausgleichen, welche akzeptiere ich als zu mir gehörend?
   - Kenne ich meine persönlichen Werte?
   - Woran glaube ich in Bezug auf das Gelingen meiner Arbeit?

2. Meine Gefühle ohne Bewertung durch Antworten auf folgende Fragen beobachten und wahrnehmen:
   - Was empfinde ich immer wieder besonders stark?
   - Wo im Körper spüre ich diese Gefühle oder dieses Gefühl?
   - Was entsteht daraus in meinem Kopf und in meinem Handeln?
   - Wie möchte ich mit diesen Emotionen oder mit dieser Emotion gerne umgehen?
   - Was hilft mir dabei?

3. Meine Kolleginnen und Kollegen durch Antworten auf die folgenden Fragen als eigene und andere Persönlichkeiten respektieren:
   - Kann ich anders sein oder denken als gut ansehen?
   - Kann ich andere Meinungen gelten lassen?
   - Sehe ich in einem Austausch unterschiedlicher Beobachtungen und Wahrnehmungen einen Gewinn?

4. Meine Kommunikations- und Konfliktfähigkeit durch Antworten auf die folgenden Fragen verbessern:
   - Fühle ich mich als kommunikativ offener Mensch?
   - Bringe ich in Konflikten eine lösungsorientierte Haltung ein?
   - Trage ich meinen Anteil zu einer Konfliktbewältigung bei?
   - Kann ich konstruktiv formulierte Kritik annehmen?
   - Kann ich Kritik an anderen konstruktiv formulieren?

J Ja

Ja sagen zu einem leichteren Arbeitsleben, zum Ballast abwerfen und zu sich selbst – wie hört sich das an? Gut, oder? Der Leichtigkeit entgegen steht ein Anhaften an den falschen Dingen, die unseren Zielen und dem Vorankommen entgegenstehen. Damit verschwenden Erzieherinnen wertvolle Arbeits- und Lebensenergie. Birgit Medele benennt Beispiele uns allen bekannter „Klebstoffe":

- Der Entsafter steht ungenutzt herum, stattdessen trinken wir weiter zu süße und vitaminarme fertige Säfte aus dem Supermarkt.
- Viele Dinge wollten wir schon immer fertig machen, kommen aber nie dazu. Wollen wir das wirklich – und wann?
- Viele Dinge wollten wir schon immer entrümpeln und loswerden, tun es aber nicht. Wir belügen uns selbst, indem wir sie zu schade zum Wegwerfen oder Verschenken finden, und überfüllen damit unseren Arbeitsplatz oder unsere Wohnung.
- Manch interessante Dinge stehen ungenutzt bei uns herum und verstauben.

Stattdessen: *„Die herzzerreißendste Verschwendung liegt jenseits der Dingewelt. Im Verplempern einer Woche, eines Nachmittags. Tage wollen nicht herumgebracht werden. Zeit ist nicht zum Totschlagen da. Wir machen uns in den Stunden breit, als ob das nächste Morgengrauen auf Ewig garantiert wäre"* (Medele, B. (2016): Leben statt kleben! Freyung: Lichtland, S. 28).

K Kinderaugen

Die Welt der Kinder ist mit ihren täglichen Entdeckungen ein Paradies, und wenn wir Erwachsenen uns darauf einlassen, können wir immer wieder wie mit Kinderaugen staunen. Kinderlachen steckt an und Kinderherzen sind offen und weit. In der Erwachsenenwelt ist vieles kompliziert, Gefühle werden interpretiert, bewertet und zu einem Teil oft auch abgelehnt. Die gesamte Gefühlspalette anzunehmen und zu leben, wie es die Kinder tun, ist jedoch eine wahre Kraftquelle. Kinder machen es uns vor: Alles im Leben gehört zu uns und das Unangenehme lässt uns erst in Frieden, wenn wir es angenommen haben. Kinder entdecken an vielem immer auch die schönen Seiten, und sie verzeihen schnell. Sie halten nicht krampfhaft fest, sie haften nicht an. Mit Kindern zu arbeiten ist lebendiges Arbeiten, und sie entführen uns immer wieder in das Land ihrer unendlichen Fantasie.

Praxisübung

Fantasiereisen können entspannen, klären, befreien und stärken. Mit der folgenden Reise gelingt es Erzieherinnen, Stressoren ihres Arbeitsalltags herauszufinden und Ansätze für Veränderungen wahrzunehmen, sodass sie mit der Leichtigkeit von Kindern neue Potenziale und Ressourcen entdecken können. Hilfreich ist, den Text auf ein Aufnahmegerät zu sprechen, sodass man sich ganz in die Übung versenken kann, oder ihn sich von jemandem vorlesen zu lassen. Wer möchte, kann Entspannungsmusik begleitend einsetzen. Wichtig ist, sich in eine entspannte Körperhaltung im Liegen oder Sitzen zu bringen, und die Augen möglichst geschlossen zu halten.

*Wie sieht mein Frühstück morgens aus? – Wie fühle ich mich dabei? – Was sind häufig meine ersten Gedanken? – Wie starte ich in meinen Arbeitstag? – Komme ich mit dem Auto, mit der Bahn, mit dem Bus, mit dem Rad oder zu Fuß in die Kita? – Was begegnet mir auf meinem Arbeitsweg? – Mit welchen Gefühlen und Gedanken komme ich an? – Wie denke ich über meine Kolleg*innen, die Kinder, die Familien, die Leitung und meine Aufgaben nach? – Wie fühle ich mich öfter an einem Arbeitstag? – Was treibt mich an? – Was macht mich ineffektiv? – Was entspannt mich? – Habe ich Möglichkeiten, loszulassen, wenn mir etwas zu viel wird? – Was will ich erreichen? – Was will ich dafür tun? – Wo setze ich Grenzen? – Wie gewinne ich Abstand? – Wie sieht der Abschluss meines Tages in der Kita aus? – Wie fühle ich mich öfter am Ende eines Arbeitstages? – Was tue ich abends für meine Erholung? – Wie verbringe ich meine Freizeit?*

L Lernen

Die wichtigste Voraussetzung für lebenslanges Lernen ist ein offener Geist. Wenn Erzieherinnen zu sehr an ihrer Sicht, Kultur und ihren Traditionen festhalten, hindern sie sich, ihren Erfahrungs- und Wissensschatz zu erweitern. Sie mögen dann in bestimmten Gebieten patent und gewissenhaft sein, aber ob sie die Vielfalt eines Themas wirklich erfassen, ist fraglich. Umfassendes Wissen und das Einnehmen verschiedener Perspektiven helfen uns, Fehler zu entdecken und Missverständnisse zu klären. Offenheit und Unvoreingenommenheit sind wichtige Säulen des Lernens und von Verständnis. Mit dieser Qualität können Erzieherinnen positiv in ihrem Arbeitsleben voranschreiten und der Interkulturalität, Intergenerativität und Inklusion vieler heutiger Kitas gerecht werden. Vielfalt wird damit zur Bereicherung. Die Brücke im Berufsalltag ist echtes Interesse und Freude als Antrieb zum Lernen.

Praxistipp

Um innerlich beweglicher und offener zu werden, kann eine Erzieherin jeden Tag in der Kita bewusst wahrnehmen, was sie neugierig macht und was sie innerlich berührt, und diese Impulse aufschreiben. Sie schaut, was in ihr passiert, ohne zu bewerten. So kann sie alte Verhaltensmuster, falsche Denkmuster und ungünstige Gewohnheiten aufweichen. Sie beginnt, mit einer offenen Haltung neue Wege zu beschreiten. Vielleicht ist sie anfangs verunsichert und orientierungslos, aber sie kann sich sagen: „Ich erwarte nur das Beste!" In Bezug auf ihre Gedanken kann sie sich fragen: „Unterstützt mich dieses Denken?"

M Meditation

Meditieren muss gar nicht immer mit einem langen Ritual verbunden sein. Manchmal ist es effektiver, sich im Arbeitsalltag kurz hinzusetzen und in sich hinein zu spüren, mit offenen Augen auf eine Wand zu schauen oder Entspannungsmusik zu hören und seine Gedanken zu fokussieren. Es genügt, mit Aufmerksamkeit für das Ein- und Ausatmen zur Ruhe zu kommen und, wenn man mag, dazu ein Mantra zu sprechen. Meditation bringt Erzieherinnen zur Ruhe und zum inneren Gleichgewicht, gleichzeitig klärt sich manches in ihnen. „Die Zentren des Gehirns, die für Wachheit, Konzentration, Einfühlungsvermögen und Mitgefühl verantwortlich sind, zeigen sich bei Langzeitmeditierenden deutlich stärker ausgeprägt" (Mannschatz, M. (2011): Meditation. Mehr Klarheit und innere Ruhe. München: Gräfe und Unzer, S. 7).

Praxisübung

Marie Mannschatz empfiehlt die Achtsamkeitsmeditation und Metta-Meditation. Zwei beispielhafte Übungen zu Einstimmung:

1. *„Abends, vor dem Einschlafen, rufen Sie sich für einige Minuten ins Bewusstsein, mit wie viel Achtsamkeit Sie tagsüber da sein konnten, in welchem Moment Sie gerne achtsamer gewesen wären und wo Sie wirklich einverstanden waren mit Ihrem eigenen Verhalten. Wie waren die Körperempfindungen, die Gefühle und Gedanken in diesem Moment?"* (ebd., S. 49).
2. *„Schauen Sie die Menschen an, die Ihnen begegnen, und fühlen Sie, wie unterschiedlich Ihr Herz auf die Gesichter reagiert. Zieht es sich zusammen? Wappnet oder verschließt es sich? Beginnt es zu strahlen? Nehmen Sie diese Herzensbewegungen zur Kenntnis ohne jegliche Bewertung. […] Lassen Sie Ihr Herz einfach spüren, was es spürt. Es muss sich nicht erklären. Es muss auch nichts Bestimmtes fühlen. […] Wenn Sie einige Wochen auf diese Weise Erfahrungen gesammelt haben, gehen Sie einen Schritt weiter und verschenken Sie Metta-Sätze an die Vorübergehenden. Sie können dabei eine Auswahl treffen oder ausnahmslos allen Gutes schicken"* (ebd.).

N Nein

Es ist wichtig, dass Erzieherinnen Nein sagen, wenn sie Nein meinen. Sie müssen immer wieder in einem beruflichen Spannungsfeld verschiedene Interessen moderieren und ausgleichen, auch ihre eigenen. Diese Qualität gelingt ihnen nur mit einem sicheren inneren Stand, sonst können sie zum Spielball von Interessenskonflikten werden. Dabei benötigen sie Klarheit, was sie selbst möchten, wozu sie offen Ja sagen können, und wo sie nicht mehr mitgehen und Nein sagen wollen.

Praxisübung

Der folgende Selbsttest zeigt anhand der Kreuze, die man bei Zustimmung setzt, wie gut es um die Fähigkeit zum Nein sagen steht (je mehr Kreuze, desto besser!):

- ☐ Ich sage Nein, wenn ich Nein meine, und Ja, wenn ich Ja meine.
- ☐ Ein Nein zur rechten Zeit ist stark.
- ☐ Wenn ich mich noch nicht für ein Ja oder Nein entscheiden kann oder will, nehme ich mir Zeit, darüber nachzudenken, in mich hinein zu spüren und meine Intuition zu befragen.
- ☐ In der Regel weiß ich, was bei mir zu einem Nein führt.
- ☐ Wenn mein Nein übergangen wird, kann ich mich wehren.
- ☐ Ich kenne die Fallen, in die ich manchmal tappe, und in denen ich Ja statt Nein sage, aber ich verurteile mich nicht dafür.

O Offenheit

Offenheit kann mit Weite gleichgesetzt werden, die bedeutet, ein Verständnis für Andersdenkende zu haben. Erzieherinnen sind dann grundsätzlich Menschen aus verschiedenen Kulturen und unterschiedlichen Lebenssituationen gegenüber offen und sind weniger gekränkt, wenn diese nicht den eigenen Vorstellungen entsprechen, was ihrer pädagogischen Arbeit und Haltung guttut. Sie können sich mit verschiedenen Menschen und Situationen wohlfühlen und sind damit auch für andere angenehme Zeitgenossen. Mit Interesse und Toleranz können wir uns mit jedem Menschen, mit dem wir näher zu tun haben, gut unterhalten und den Blick öffnen für das, was er uns zu sagen hat. Wenn Erzieherinnen Offenheit im Berufsalltag bewusst pflegen, sind sie weniger selbstbezogen und sie entwickeln sich weiter, denn nicht die Umgebung oder andere Menschen ermöglichen vor allem unser Wachstum, sondern der eigene offene Geist. Rechthaberei steht einer Erzieherin nicht gut, außerdem ist sie so wenig versöhnlich. Wer vor allem Recht haben will, verengt seine Sicht. Wenn Erzieherinnen nicht auch das einbeziehen, was jenseits ihrer Grenzen liegt, werden sie schwerer ihre Ziele erreichen und sie laufen Gefahr, stehen zu bleiben. Wenn sie Rechthaberei aufgeben, dafür Offenheit immer da leben, wo sie gerade sind, kommen sie voran. Sie können nicht immer ihre Vorstellungen um- und durchsetzen, aber wenn sie offen für andere sind, lassen sich doch viele Ziele gemeinsam erreichen. Deshalb gilt: Rechthaberei aufgeben und zur rechten Zeit nachgeben.

„Wir sollten uns im Leben zu fünfzig Prozent danach richten, was der Wahrheit entspricht, und zu fünfzig Prozent an die Umstände anderer anpassen. Wollen wir uns gleichwohl primär daran orientieren, was aus unserer Sicht richtig ist, sollten wir zumindest andere nicht bedrängen, egal wie viele gute Gründe dafür sprächen. Die Menschen in unserem Umfeld würden dann vielleicht tun, was wir von ihnen wollen, gleichzeitig hätten sie wohl auch das Gefühl, dass dies für sie nicht in Ordnung sei. Verfolgen wir also ein bestimmtes Ziel, sollten wir andere Menschen freundlich und entspannt um Unterstützung bitten“ (Rinpoche, D.T. (2015): Der kleine buddhistische Lebensberater. Von A wie Ärger bis Z wie Zufriedenheit. München: kailash, S. 162–163).

Jeder Erzieherin ist die Bedeutung guter Kommunikation mit den Zielgruppen ihrer Arbeit bekannt, und auch hier ist Offenheit der Schlüssel zum Gelingen. Sie muss den Umgang mit Diversität beherrschen, und je unterschiedlicher die Menschen, die in der Kita ein- und ausgehen, sind, umso mehr Offenheit muss sie aufbringen (vgl. Mannhard, A. (Hrsg.) (2020d): Verhandeln in der Kita. Berlin: Cornelsen). Wenn sie nur oberflächlich Kontakt pflegt, lernt sie zwar Neues kennen, sie bleibt aber den Erfahrungen gegenüber verschlossen. Das spüren andere Menschen, insbesondere die aus orientalischen Kulturen, die viel stärker als wir aus der westlichen Kultur und insbesondere stärker als Deutsche auf der Beziehungsebene agieren (vgl. ebd.). Ist die Sicht einer Erzieherin zu eng, „[…] kann jede neue Situation, jeder fremde Ort und jede neue Erfahrung zu noch größerer Engstirnigkeit führen, weil das Neue mit den gewohnten Ansichten nicht übereinstimmt“ (Rinpoche, D.T. (2015): Der kleine buddhistische Lebensberater. Von A wie Ärger bis Z wie Zufriedenheit. München: kailash, S. 163). Sie nimmt sich damit auch eine Vielzahl neuer Kraftquellen für ihr Arbeitsleben. Lebenslange Offenheit ist also das beste Gegenmittel gegen (Alters-) Starrsinn.

Offenheit gelingt einer Erzieherin auch durch Akzeptanz. In ihrem Arbeitsleben muss sie manche Situationen einfach akzeptieren, weil sie sie nicht immer in ihrem Sinne verändern kann. *„Je größer die Akzeptanz, desto offener können wir gegenüber allem, was uns begegnet, sein. Gelingt uns diese Offenheit, werden wir mit der Vielfalt, dem Unvorhersehbaren sowie den zahlreichen Gegebenheiten des Lebens, die wir nicht ändern können, souveräner umgehen. […] Wenn wir Probleme haben oder enttäuscht sind,* *sollten wir uns nicht zurückziehen und vor anderen verstecken, sondern uns den Menschen öffnen und mitteilen. Die Gedanken und Gefühle für sich zu behalten und vor anderen zu verbergen, scheint eine Gewohnheit, die aus meiner Sicht dem eigenen Wohlbefinden arg im Weg steht. Wenn wir andere Menschen in unser Leben einbeziehen und unsere Gedanken teilen, können sie beruhigen, Lösungen aufzeigen, an die wir bisher nicht dachten, oder Neues beibringen. […] Sich miteinander auszutauschen ist hilfreicher als jede medizinische Behandlung. […] Je mehr Verständnis wir für andere aufbringen, desto offener werden wir und umso aufgeschlossener können wir ihnen begegnen – ohne Angst, etwas zu verlieren. (…) Wir werden uns viel wohler fühlen und frei sein von zu starren Vorstellungen. […] Keiner von uns kann völlig alleine durchs Leben gehen"* (ebd., S. 164–166).

P Power

Unsere Power, Kraft und Macht stehen mit unserer Willenskraft in Verbindung. Eine Erzieherin mit Power steht zu ihren Zielen und Bedürfnissen und verfolgt diese selbstbewusst und konsequent, ohne jene anderer aus den Augen zu verlieren und sich darüber egoistisch hinwegzusetzen. Es ist vor allem ihre Willenskraft, die darüber entscheidet, ob sie das erreicht, was sie sich vorgenommen hat (vgl. Mannhard, A. (2020e): Die eigene Willensstärke trainieren. In: kindergarten heute, Ausgabe 1/2020. Freiburg: Herder, S. 28–29). Im Arbeitsalltag profitiert sie von der Stärkung ihrer Willenskraft, wenn sie
- die Dinge gerne vor sich herschiebt,
- sich in Interessenskonflikten zum Spielball anderer machen lässt,
- ihre Anliegen nicht durchsetzen kann,
- ihr wichtige Ziele nicht erreicht und / oder
- nach neuen Wegen suchen will, ihre Wünsche zu verwirklichen.

Praxistipps für die Stärkung der Power
- Erkennen, was konkret die eigene Willenskraft schwächt, und dem in der Zukunft proaktiv entgegensteuern.
- Längerfristige Interessen und Ziele formulieren und vorausdenken, welche Ablenkungen auf dem Weg bis zur Erreichung auftreten könnten. Strategien entwickeln, mit diesen Verführern umzugehen, sodass sie einen nicht behindern.
- Selbstvorwürfe und Herumreiten auf eigenen Fehlern beenden. Mit sich selbst freundlich und wohlwollend umgehen.
- Mit der Zukunft heute anfangen und überschaubare Etappen in kleinen und entschlossenen Schritten zur Zielerreichung gehen.
- Die eigene Willenskraft nicht überfordern, sich hin und wieder mit dem inneren Schweinehund versöhnen und fünfe gerade sein lassen.

Q Quelle

Lucy von den Peanuts will nur die Aufs, auch wenn sie weiß, dass das Leben aus einem Auf und Ab besteht. Leider müssen Erzieherinnen sich, selbst wenn sie es mit Lucy halten, in ihrem Arbeitsleben immer auch mit schwierigen Zeiten, dem ein oder anderen Umbruch, der ein oder anderen ungewollten Veränderung und mit Krisen auseinandersetzen. Eine Erzieherin beginnt in einer neuen Kita und fängt an, sich einzuleben. Schon kommt die Angst, denn was, wenn ihr wieder gekündigt wird? Sie beginnt, sich anzustrengen, um die Kontrolle über die Situation zu gewinnen. Sie versucht, sich in alle Richtungen abzusichern, und „hört die Flöhe husten". Doch alle Handlungen und Vorsichtsmaßnahmen gaukeln ihr nur vor, dass sie durch Kontrolle Veränderungen und ein Ende der Beschäftigung abwehren kann. Sie erhält die Kündigung, weil die Leitung ihre Leistungen als unzureichend ansieht und die Kolleginnen mit ihr nicht warm werden. „*All das hilft nicht wirklich gegen die Erkenntnis: Im Anfang liegt das Ende inbegriffen. Früher oder später. […] Das würde bedeuten, dass Lucys Haltung nicht zum Glück führt. Weil auch sie festhalten will, weil auch sie nur eine bestimmte Qualität des Lebens will. Nämlich die Aufs. Das wäre, wie auf der Schaukel nur oben sein zu wollen und den Schwung nicht mehr kriegen zu können aus der Bewegung durch das Tal*" (Fuchs, C. & Schmidt, R.R. (2008): Kraftquellen. Persönliche Ressourcen für gute und schlechte Tage. Stuttgart: Klett-Cotta, S. 9–10). Wenn Erzieherinnen schwingungsfähig in Höhen und Tiefen ihres Arbeitslebens sein möchten, können sie wichtige Quellen ihrer Kraft anzapfen:

- Auf die eigene Intuition und Stimme hören
- Die gesamte Gefühlspalette annehmen
- Alleinsein und Begegnung mit sich selbst genießen
- Aktive Selbstfürsorge betreiben
- Gute Möglichkeiten wahrnehmen
- Immer wieder einen Perspektivenwechsel einnehmen
- Probleme als verpackte Geschenke annehmen
- Pflegen, was einen in schwierigen Zeiten tröstet
- Schlechte Gewohnheiten aufgeben
- Kraft aus dem Jahreskreislauf schöpfen

Praxistipp

Nahezu alle Erzieherinnen erleben mit den Kindern der Kita bewusst den Wechsel der Jahreszeiten. Eine Kraftquelle nicht nur für Kinder, sondern auch für Erwachsene, kann die bewusste Verbindung mit der Natur im Jahreskreislauf sein. Wir leben mit dem Wetter, mit dem Wind, mit dem Licht, mit den Tieren und Pflanzen, mit den Steinen, mit dem Wasser, mit der Erde, mit dem Feuer, mit der Luft und mit allem, was uns umgibt. Diese Verbindung bringt uns ins Hier und Jetzt. Wir können das Besondere der Monate als Kraftquelle nutzen:

- *Januar*

Mit dem Beginn eines Gedichts von Hermann Hesse, „Allem Anfang wohnt ein Zauber inne", starten Erzieherinnen ins neue (Kita-) Jahr. Sie gestalten ihr Arbeitsleben (neu), nehmen neue Impulse auf und schauen, was Neues daraus entstehen kann.

- *Februar*

Verschiedene Pole haben ihre Zeit, die Ruhe und die Bewegung, das Genießen und Verzichten. Erzieherinnen können mit den Kindern bewusst Stilleübungen durchführen und auch selbst genießen.

- *März*

Der März lebt von der Spannung zwischen Dunkelheit und Licht, sich Zurücknehmen und Hinausgehen. Beim morgendlichen oder abendlichen Duschen können Erzieherinnen bewusst wahrnehmen, dass das Ritual nicht nur zum Waschen gut ist, sondern auch um sich von unangenehmen Gefühlen und Gedanken zu befreien.

- *April*

Es ist für Kinder und Erwachsene schön, gemeinsam das Aufblühen der Natur zu entdecken und den Frühling in vollen Zügen zu genießen.

- *Mai*

Der Mai lässt mit seinem Aufblühen und Grünwerden Glücksgefühle in Kindern und Erwachsenen entstehen. „Glück ist reines Sein. Wer sich vergisst, wer ganz in dem ist, was er gerade tut, der ist glücklich" (Grün, A. (2017): 365 Tagesimpulse. Freiburg: Herder, S. 63).

- *Juni*

In der Natur ist dies die Zeit des Wachstums, und auch der eigenen Persönlichkeitsentwicklung können Erzieherinnen bewusst Raum geben. Sie können jeden Tag im Arbeitsleben neu anfangen.

- *Juli*

Im Juli steht alles in voller Blüte und Erzieherinnen können das, was sie geschaffen und geschafft haben, auch genießen. „Versuche, jeden Tag mehr du selbst zu werden" (ebd., S. 95).

- *August*

Im Spätsommer klingt der Herbst manchmal schon an und Erzieherinnen können zur Ruhe kommen und in sich hineinhorchen. Sie können entdecken, mit was sie derzeit in Berührung stehen.

- *September*

Der September zeigt wieder mehr das Licht und den Schatten und die Polaritäten des Arbeitslebens auf. Zum Erfolg gehört auch die Niederlage, zur Freude auch der ein oder andere Kummer. Das eine gibt es nicht ohne das andere, es kann im Kontrast bewusst wahrgenommen und integriert werden. Wer will, kann an seinen Schwächen arbeiten, sich aber nicht an ihnen festbeißen. Manchmal kommt eine Erzieherin weiter, wenn sie sie annimmt und als Teil ihrer Persönlichkeit integriert.

- *Oktober*

Im goldenen und bunten Herbst können Erzieherinnen auch die bunte Farbpalette ihres Arbeitslebens (neu) entdecken. Sie können sich bewusst machen, welche individuellen Talente und Fähigkeiten sie in ihre Arbeit einbringen, und diese als Kraftquelle nutzen.

- *November*

Zum Winteranfang wird es ruhiger und es gibt Zeit für Stille und Begegnung. Erzieherinnen können bewusst dunklere und hellere Seiten in sich spüren und sich durch den Kontakt mit sich selbst und mit anderen verwandeln lassen. Sie können sich mit der Vergänglichkeit auseinandersetzen und sich fragen, welche Spuren sie im Arbeitsleben noch hinterlassen möchten (vgl. dieses Kapitel „Vergänglichkeit" & Mannhard, A. (2018a): Der Lebensspur folgen. Biografiearbeit für Erzieherinnen und Erzieher. Freiburg: Herder).

- *Dezember*

Das Jahresende bildet bereits die Brücke zum kommenden Jahr und Erzieherinnen können durch die dunklere Zeit hindurch Hoffnung für den Jahreswechsel und das Neuwerden entwickeln. „Der Adventskranz – Zeichen der Verheißung: Unser Leben, das oft genug zerrissen ist und auseinanderfällt, kann wieder ganz und rund werden" (Grün 2017, S. 148).

R Reise

Erzieherinnen kennen die äußeren und inneren Reisen, aber eine ganz andere Reise, die Honigperlen-Reise der Autorin Melanie Pignitter, kennen sie wahrscheinlich noch nicht. Hier geht es „[…] *um die Verwandlung deiner Probleme, Krisen und sonstigen Angelegenheiten mit Katastrophentendenz, die dich bisher davon angehalten haben, dein Glück mit beiden Armen zu umfassen*" (Pignitter, M. (2019): Honigperlen. Warum dein Leben süßer ist, als du denkst. München: Gräfe und Unzer, S. 106).

Die Honigperlen-Stationen

1. Grenzen niederreißen

Wenn Sie sich frei von ihrer bisherigen Geschichte als Erzieherin machen würden, was würden Sie dann tun?
Liegen die Antworten außerhalb der aktuellen Grenzen?
Wodurch oder durch wen wurden die Grenzen errichtet?
Sollen diese Grenzen weiter gelten?

2. Neue Selbstwertgeschichten

Vergleiche mit anderen sind kontraproduktiv für den Selbstwert, stattdessen können wir unser heutiges Selbst mit dem früheren vergleichen:
Was können Sie heute besser als früher?
Welche Fähigkeiten haben Sie sich im Laufe der Berufsjahre angeeignet?
Womit können Sie heute besser umgehen?

3. Selbstliebe schenken

10 Dinge aufschreiben, die Sie an sich in Ihrer Aufgabenerfüllung mögen.
Bei einem Problem sich selbst verständnisvoll wie ein guter Coach zuhören.
Den folgenden Satz beenden: „Ich bin eine Bereicherung für mein Team, weil …".

4. Botschaft wunder Punkte

Einen kritischen Satz einer Kollegin oder eines Kollegen, der einen getroffen hat, aufschreiben, und notieren, welche positiven Eigenschaften hinter dem vorgeworfenen Verhalten stecken könnten.

5. Inneres Kind annehmen

Was hätten verletzte Anteile des Kindes damals gebraucht und wie können Sie als erwachsene Erzieherin es ihm heute geben?

6. Erkenntnisgeschenke vergeben

Welche beruflichen Gewohnheiten können Sie eigentlich gar nicht leiden und möchten sich von ihnen trennen?
Wie könnten Sie deren Routinen unterbrechen?
Was könnten Sie stattdessen anderes tun?

7. Sackgassen verlassen

Nehmen Sie sich den Satz: „Wenn etwas nicht funktioniert, tue etwas anderes!" zu Herzen und entwickeln Sie neue Ziele und Maßnahmen zur Erreichung.

8. Erwartungen überprüfen

Mit welchen Erwartungen enttäuschen Sie sich (immer wieder) selbst?
Welche Bedürfnisse stecken dahinter?
Wie könnten Sie sich diese Bedürfnisse selbst erfüllen?

*9. Kolleg*innen achten*
Welche Kolleg*innen haben bislang eine wichtige Rolle in Ihrem Arbeitsleben gespielt? Was haben diese Personen Ihnen gegeben, wofür sind Sie dankbar?

10. Scheiterhaufen-Projekt
Welche neuen Erkenntnisse und Erfolge ergaben sich nach einem beruflichen Scheitern? Welche Misserfolge anderer Personen faszinieren Sie und weshalb? Wenn Sie wegen eines Scheiterns Angst vor dem Anfangen von etwas Neuem haben, was könnten Sie tun, um den Mut dafür aufzubringen?

11. Adieu sagen
Sagen Sie Adieu zu Menschen, denen Sie nicht wichtig sind, sofern im Arbeitsleben möglich. Anderenfalls reduzieren Sie den Kontakt so gut wie möglich.

S Selbstwert

Drei Säulen stützen unseren Selbstwert: Selbstwertschätzung, Selbstvertrauen und Selbstbehauptung.

1. *Selbstwertschätzung*
   - Sich selbst achtsam und wertschätzend annehmen
   - Die eigene Geschichte annehmen
   - Den eigenen Körper und seine gesamte Gefühlspalette annehmen
   - Sich im Vergleich zu anderen Menschen als ebenbürtig wertvoll ansehen
   - Mit seinen Fehlern und Schwächen versöhnlich umgehen
2. *Selbstvertrauen*
   - Die eigenen Stärken und Schwächen kennen und sich mit ihnen sicher fühlen
   - Selbstwirksamkeit erleben und auf eigenen Erfolgen aufbauen
   - Nach Rückschlägen aktiv werden und Zuversicht und Mut pflegen
   - Sich Herausforderungen positiv stellen
3. *Selbstbehauptung*
   - Die eigenen Bedürfnisse und wichtigen Werte verfolgen und vertreten
   - Kraft- und Glücksquellen pflegen
   - Nein sagen können und die eigenen Grenzen achten
   - Klar und lösungsorientiert kommunizieren

Praxistipp

Wenn eine Erzieherin von Zeit zu Zeit spürt, dass ihr Selbstwertgefühl angekratzt ist, kann sie sich fragen: Was löst dieses Gefühl gerade aus? Wie kann ich mich besser annehmen, was würde es mir vereinfachen? Welche Einstellungen behindern mich dabei? Was wäre der nächste Schritt, um mein Selbstwertgefühl zu stärken, und wer oder was hilft mir dabei?

T Träume

Wenn Erzieherinnen ihre Träume verfolgen, erwacht ihr Arbeitsleben und alles bekommt eine andere Bedeutung – sie nehmen sich selbst wichtig. Sie erhalten durch wichtige Träume gute Energie und eine klare Ausrichtung. Sie begeistern sich für ein oder mehrere wichtige Ziele und bringen die Kraft und das Durchhaltevermögen bis zum Erreichen auf. Niemand zwingt Erzieherinnen zum Träumen, sie sind selbst dafür verantwortlich, ihre Talente und Potenziale zu verwirklichen. Manche glauben, für einen echten Traum müsste man ans andere Ende der Welt ziehen und sich scheiden lassen. Darum geht es aber gar nicht, sondern darum, in seiner Seele nach dem zu suchen, das einen innerlich leuchten lässt. Etwas im Inneren ruft, und es lohnt sich, ihm zuzuhören. Hierbei lohnt sich der Austausch mit anderen Menschen und ihrer Erfahrung mit den Träumen.

Praxisübung

Damit Träume keine Schäume bleiben, lohnt es sich, auf die folgenden Fragen Antworten zu finden:

- Welche meiner Stärken haben schon einmal dazu beigetragen, dass ich in meiner Arbeit etwas Außergewöhnliches erreicht habe?
- Welche meiner Fähigkeiten haben mich schon einmal eine Krise oder einen Tiefpunkt überwinden lassen?
- Was haben mir die Hochs und Tiefs an Erfahrungen gebracht?
- In welchem Umfeld, mit welchen Aufgaben und mit welchen Menschen fühle ich mich am wohlsten?
- Wann kann ich meine Stärken und Fähigkeiten am besten zeigen und wie kann ich sie für das Verfolgen meiner Träume oder meines Traums nutzen?

U Unternehmen Ich

Der sichere Ausgangspunkt des eigenen Unternehmens Ich ist das Finden von Antworten auf die folgenden Fragen:

- Was ist jetzt und hier in diesem Moment?
- Was steht im Mittelpunkt meiner Aufmerksamkeit?
- Was ist der Kern meines Anliegens?

Erkenntnisse auf diesem wichtigen Weg nach innen setzen neue Spuren im Außen. Wer mit ihnen seinen Ausgangspunkt gefunden hat, kann sich nun fragen: *Was will ich wirklich?* Der nächste Schritt ist, sich auf sein Ziel zu fokussieren und das Ergebnis der Zielerreichung zu überprüfen. Nur wenn man entschlossen und kraftvoll anpackt, kann man Engagement freisetzen. Es gibt aber auch im Arbeitsleben noch einen Plan hinter dem Plan. Wer verbissen für sein Ziel eintritt, verpasst es oft, diesen mit spielerischer Leichtigkeit zu entdecken. Wenn das Ziel nicht mit dem eigenen Inneren übereinstimmt, wird es sich in aller Regel nicht manifestieren. Wessen Zielformulierung erfreut und innerlich stärkt, der ist auf dem richtigen Weg für sich selbst und für sein Unternehmen Ich. Gute Ziele sind positiv, konkret und herausfordernd motivierend.

Wer sein Ziel gefunden hat, kann sich fragen: *Macht mir das Ergebnis wirklich Freude?* Die Freude spricht eine tiefere Ebene des Seins an, meist auch die übergeordnete Ebene persönlicher Werte. Wer seine Freude erforscht, trägt viel zur beruflichen und persönlichen Zufriedenheit bei. Mit einem gesunden inneren Unternehmen „Ich" führt man in aller Regel auch ein äußeres Unternehmen erfolgreich: mit konzeptionellem Denken und Planen, Kreativität, Innovationsfähigkeit, Organisations- und Beratungskompetenz.

Die nächste Frage der Unternehmensentwicklung lautet: *Was kann ich?* Wer seine Handlungskompetenzen erforscht und feststellt, womit und weshalb er oder sie erfolgreich ist, verfügt über eine hohe intrinsische Motivation und kann meist auch andere positiv beeinflussen und motivieren. Das Spektrum einer Erzieherin besteht aus ihren Fach-, Methoden-, Sozial-, Kommunikations- und personalen Kompetenzen. Das Zusammenwirken dieser Faktoren bringt sie zu einer guten Selbstführung und, wenn sie will, auch zu einer anerkannten Führungskraft für andere.

Wer tiefer in sein Sein vordringen möchte, kann sich fragen: *Wie bin ich*? Hier geht es nicht um die äußere Manifestation von körperlichen Eigenschaften und Gewohnheiten oder um zwischenmenschliche Verhaltensmuster. Es geht vielmehr um die Anteile, die uns ausmachen und unseren Charakter spiegeln. Im spirituellen Sinn kann man dies auch als unsere Seele bezeichnen. Dieser komplexen Ebene kommt man am ehesten mit Selbsterforschung und Selbstreflexion auf die Spur, indem man sich die folgenden Fragen beantwortet:

- Was gelingt mir wirklich gut?
- Wo komme ich an persönliche Grenzen?
- Womit erziele ich meine größten Erfolge?
- Wo kann ich mich auf mich selbst verlassen?
- Wo bin ich unsicher?
- Was liebe ich an mir?
- Was lehne ich an mir ab?

(vgl. Mannhard, A. (2019g): Das Unternehmen Ich mit Resilienz führen. In Welt des Kindes, Ausgabe 6/2019. Freiburg: Lambertus).

V Vergänglichkeit

Wenn Erzieherinnen den Wandel und die Vergänglichkeit aller Dinge nicht nur im Arbeitsleben, sondern auch in der Welt annehmen und akzeptieren, bedeutet das nicht, dass sie keine Pläne mehr schmieden sollen. Es ist sinnvoll, langfristige Vorhaben zu planen, zum Beispiel im Hinblick auf Bildungsprojekte, die mehrere Generationen umfassen. Dennoch müssen diese den sich ändernden Umständen angepasst werden, um sich nicht tot zu laufen. Mit Flexibilität handeln Erzieherinnen angemessen und sie erzielen bessere Erfolge und Ergebnisse. An unsere Pläne sollten wir keine zu hohen Erwartungen und Wünsche knüpfen. Wir nehmen sonst zu große Anstrengungen auf uns, überschreiten unsere Möglichkeiten und gefährden womöglich unsere Gesundheit. Andererseits vergeuden wir mit einer zu laschen Einstellung und mit mäßigem Engagement wichtige Gelegenheiten und Arbeits- wie Lebenszeit. Es geht also auch darum, Trägheit zu überwinden, denn sie bewirkt, dass wir die Dinge ständig aufschieben. Auch hier haben wir die Vergänglichkeit nicht im Blick, denn für manche Dinge ist es irgendwann zu spät. Wir weichen unserer Verantwortung aus.

Nehmen Erzieherinnen die Vergänglichkeit an, wissen sie, dass sich ihre Vorstellungen, Ideen und Projekte auch wieder ändern können, dass nichts auf Dauer bleibt, wie es ist, und dass sie offen sein können für Überraschungen und Wendungen im Arbeitsleben. Sie trennen mit dieser Haltung Wichtiges von Unwichtigem und widmen sich den wichtigen Dingen als oberste Priorität. Sie verzetteln sich nicht mit Kleinigkeiten. Bei den Prioritäten aber setzen sie sich engagiert ein und verrichten ihre Aufgaben mit ganzem Herzen und mit ganzer Kraft. Das wiederum ist eine gesunde Einstellung. *„Aber wenn wir mit freudigem Eifer an alle unsere Aufgaben und Verantwortlichkeiten herantreten, von dem Moment, wo wir beginnen, bis zu ihrem Abschluss, können wir den größten Nutzen daraus ziehen. Was immer wir tun, wir sollten uns vergegenwärtigen, dass in allem Vergänglichkeit weilt. Wir können diese Haltung positiv in unser Leben integrieren. Uns all dies bewusst zu machen, kann helfen, zufriedener mit dem zu sein, was man hat, und übertriebene Wünsche aufzugeben. Gedanken über die Vergänglichkeit sollten uns nicht* *belasten, sondern vielmehr motivieren, uns zu entspannen und unser Leben nicht im alleinigen Streben nach unbeständigen Dingen zu vergeuden; gleichzeitig können sie uns davon abhalten zu glauben, unser Leben währe ewig und alles habe Zeit, auch später noch getan zu werden. Beide Extreme sollten wir meiden"* (Rinpoche, D.T. (2015): Der kleine buddhistische Lebensberater. Von A wie Ärger bis Z wie Zufriedenheit. München: kailash, S. 235–236).

W Wachstum

Wenn sich zwischen der Arbeitsrealität und den Zielen und Wünschen einer Erzieherin keine Differenz auftut, wird sie vermutlich keinen Impuls zum Wachstum spüren. Dieser entsteht vielmehr in einer Diskrepanz zwischen dem, was ist, und dem, was sein könnte. Diese Spannung kann bewusst wahrgenommen und gelebt werden. Man kann ihr einen Namen geben und annehmen, dass dieses Gefühl und Bedürfnis zu einem gehört. Die Diskrepanz kann mit den eigenen Werten abgeglichen werden, um eine Entscheidung zum Handeln zu treffen. Handlung und Wachstum verlaufen nicht linear, sondern vielmehr in Windungen. So kommt eine Erzieherin wahrscheinlich immer wieder mal an ihren Lebensthemen vorbei, je nach Phase ihrer Arbeit und Situationen in neuem Gewand. Die eine erlebt vielleicht immer wieder positive Seiten ihrer Kraft und Kreativität. Die andere wird mit ihrer Konfliktvermeidung konfrontiert, mal in dieser, mal in jener Variante. Wer mit seinem Schatten immer wieder in Kontakt kommt, ärgert sich vielleicht, und denkt, dass das Thema nun mal endlich erledigt sein müsste. Beim Wachstum geht es aber nicht darum, seine Themen in Reih und Glied linear abgearbeitet zu haben, sondern sie helfen uns beim Vorankommen und in eine Tiefgründigkeit hinein.

Wachstum kann als positive Spannung erlebt werden, denn verglichen mit der Saite eines Instruments gibt es mit zu schlaffer oder zu starker Spannung keinen schönen Ton. Eine Erzieherin kann sich fragen, was ihre Anliegen an ein Wachstum sind, und womit sie vielleicht sogar über sich selbst hinauswachsen möchte. Impulse zum Wachsen können aus einem Mangel, Defizit oder Scheitern entstehen, oder durch Begegnungen mit Menschen, die zu Vorbildern werden, aber auch durch Situationen. Und manchmal möchten Erzieherinnen wachsen, weil sie damit bereichernde Erfahrungen gemacht haben und damit nicht aufhören wollen. Die Entscheidung zum Wachstum ist in jedem Fall eine persönliche. *„Es gibt Lebensgesetze, die sich aufzeigen lassen. Geboren aus Erfahrung, Reflexion, Beobachtung und Forschung hält die Psychologie Wissen bereit, das (wenn es gut geht) geronnene Lebensweisheit ist"* (Kluitmann, K. (2014): Wachsen – über mich hinaus. Würzburg: Echter Verlag, S. 8).

X X-Faktor

Der X-Faktor im Arbeitsleben ist die Unwissenheit. Das heißt, dass es immer ein Geheimnis gibt, das wir noch nicht oder nicht ausreichend kennen. Dies können materielle, geistige oder emotionale Inhalte sein. Nehmen wir ein Beispiel: In eine Kita kommt ein Kind aus einer fremden Kultur. Macht eine Erzieherin sich keine Mühe, Informationen zu dieser anderen Kultur einzuholen, fehlen ihr Kenntnisse und sie ist unwissend. Will sie ein Verständnis für diese Kultur entwickeln, um mit dem Kind eine gute Beziehungsebene aufzubauen, muss sie sich für Kind und Kultur wirklich interessieren und die Bedeutung dessen erkennen. Sie sieht und nimmt an, dass die Unwissenheit sie immer bei der Arbeit begleitet, und dass sie durch Offenheit, echtes Interesse und Empathie Geheimnisse ergründen kann. *„Da ich aus Asien stamme, hatte ich anfangs nur sehr wenige Kenntnisse über die Kultur und Gepflogenheiten europäischer Länder. Dieses Unwissen war die Ursache vieler Schwierigkeiten, die ich während meiner Reisen erlebte. In mir wuchs darum der große Wunsch, mehr Verständnis zu entwickeln. Ich habe also gelernt, mir Wissen angeeignet und Erfahrungen gesammelt, sodass meine Unwissenheit zunehmendem*

Wissen wich. Und damit wurden auch meine Schwierigkeiten weniger. Obwohl es grundsätzlich nie meine Absicht ist, anderen gegenüber respektlos zu sein, gerate ich doch immer wieder in Situationen, in denen mein Verhalten und meine Worte diesen Eindruck erwecken – einfach aufgrund meiner Unwissenheit" (Rinpoche, D.T. (2015): Der kleine buddhistische Lebensberater. Von A wie Ärger bis Z wie Zufriedenheit. München: kailash, S. 219–220).
Literaturtipp: Verhandeln in der Kita. Mannhard, A. Hrsg. (2020). Ein Kapitel beschäftigt sich mit interkulturellen Kompetenzen in der Kita-Arbeit.

Y Yoga

Mit Yoga können Erzieherinnen Stress vergessen und Energie tanken. Yoga kann sogar beim Erreichen von Zielen helfen, denn es bringt in die innere Balance. Die Übungen geben ein direktes Feedback zur eigenen Präsenz. Mit Konzentration kann man an die eigenen Grenzen gehen, sie austesten und auch überschreiten. Im Yoga gibt es einige Haltungsübungen, die sich auch auf das Innere auswirken und mit denen es leichter fällt, Unangenehmes anzunehmen und auszuhalten. Negative Emotionen lassen sich mithilfe von Yoga leichter abschütteln. Wenn wir den Körper anstrengen, kriegen wir den Kopf frei.
Hinweis: Da Yoga für Einsteiger am besten unter Anleitung erlernt wird, wird in diesem Buch auf Praxisübungen verzichtet. Für Fortgeschrittene empfiehlt sich das Buch von Sinah Diepold (2018): Yoga Flow Balance in der Edition Michael Fischer GmbH, Igling.

Z Zeit

Die Arbeitswelt von Erzieherinnen ist komplexer geworden. Viele, zum Teil neue, Anforderungen müssen parallel in immer weniger Zeit erledigt werden. Die Fülle an ständig neuen Dokumentationspflichten führt zu einer Überbürokratisierung der pädagogischen Tätigkeit und geht oftmals zulasten der Zeit und Aufmerksamkeit für das Kind. Bildungsprozesse zu gestalten, benötigt Wissen und Information. Die Inhaltsebene wird dabei aber überbetont, während das eigene Sein und das Miteinander in den Hintergrund rücken. Auch das freie kindliche Spiel, an dem sich die Erwachsenen mit ausreichend Zeit beteiligen, gerät aus dem Blick. Von Momo (japanisch: Pfirsich), der Kinderbuchfigur von Michael Ende, lernen kleine und große Menschen das Vertrauen in sich selbst. Unser Selbst ist mehr als das Erfüllen von Anforderungen und Aufgaben. „Denn so, wie ihr Augen habt, um das Licht zu sehen, und Ohren, um Klänge zu hören, so habt ihr ein Herz, um damit die Zeit wahrzunehmen" (Meister Hora an Momo in Ende, M. (1973/2015): Momo. Stuttgart: Thienemann, S. 176). Wer sind wir, in unserem Sein und außerhalb unserer Rollen? Was macht Kinder und Erwachsene einmalig? Was sind unsere ureigenen Gaben und Begabungen, wonach sehnen wir uns? Nehmen wir unsere Schwächen, also unsere Unvollkommenheit, als einen Teil von uns an, und gestatten wir auch anderen, dass sie Mängel haben? Arno Gruen war der Ansicht, dass wir als Originale geboren werden und als Kopien sterben. Das ist bedauerlich, aber Erzieherinnen können es in der Kita anders machen. Sie können die kleinen Originale fördern und die individuelle Vielfalt schätzen, und auch sie haben individuelle Talente, die sie für die Gemeinschaft nutzbar machen können. Sie zu erkennen und zu pflegen, benötigt Achtsamkeit und Zeit.

Die Realität vieler Familien ist chronischer Zeitmangel. Auch in der Kita kann an manchen Orten oder zu manchen Zeiten ein hektischer Tagesablauf der achtsamen Entfaltung den Raum nehmen. Es fehlt an Tiefgründigkeit und an Zeit zum Erforschen und Hinterfragen. Momo schenkt den Menschen Zeit, sie interessiert sich für sie und hört ihnen offen zu. Wenn wir miteinander keine offene Zeit mehr „verlieren" und stattdessen vielmehr auf irgendwelche Ergebnisse fixiert sind, für die wir Zeit „investieren", leiden Herz und Seele. Die Beziehungen werden rationaler und oberflächlicher. Wir sind miteinander nicht in einem tieferen Kontakt und lassen uns zu wenig von unseren Herzen leiten (vgl. Mannhard, A. (2018c): Was wir von MOMO lernen können *oder* Zeit ist Leben. In Praxishandbuch Elementarpädagogik, Seite 12f. Kulmbach: MGO-Fachverlage).

Praxistipp

Mit Kindern den Zauber der Welt zu entdecken, gelingt nicht unter Zeitdruck. Kinder fordern von Erwachsenen ein, dass sie sich Zeit für sie nehmen. Fragen Sie sich:
Wann haben sich in Ihrer Kindheit Ihre Eltern oder andere wichtige Bezugspersonen Zeit für Sie genommen?
Wie gestalten Sie heute in Ihrer Arbeit die Zeit mit Kindern?
Können Sie sich auch mal langweilen? Langeweile ist eine wunderbare Gelegenheit, Zeit zu verlieren. Gerade mit Kindern entstehen aus ihr neue und wertvolle Gedanken und Ideen.

(vgl. Mannhard, A. (2018a): Der Lebensspur folgen. Biografiearbeit für Erzieherinnen und Erzieher. Freiburg: Herder).

Eine Frage – 12 Antworten

Ich finde Erzieherinnen kraftvoll, wenn sie Kindern verständlich erklären, warum sie möchten, was das Kind tun soll. Nicht nur sagen, tu dieses oder jenes.

Rosina, 13 Jahre

Frage*: Wann sind Erzieherinnen in der Kita kraftvolle Modelle für Mädchen?*

Gabriele Ulrich: Der Beruf der Erzieherin zählt zurzeit in Deutschland zu den am stärksten nachgefragten Berufen. Das hat nicht nur damit zu tun, dass die Tätigkeit mit Kindern viel Freude bereitet, sondern dass in die Ausübung dieses Berufes die ganze Person in ihrer Vielfalt eingebunden ist. Das Jahrhundert des Kindes (1900 bis 2000) hat aus der „Kindergartentante" Bildungsbegleiterinnen gemacht, die Vorbildcharakter für die Kinder haben. Pädagogische Fachkräfte üben in ihrem Arbeitsfeld eine große Anzahl an persönlichkeitsbildendenden Eigenschaften aus, die Mädchen und Jungen ein Beispiel für Lebenskompetenz bieten können. Dabei spielen geschlechtsspezifische Merkmale eine wichtige Rolle. Das Bewusstsein von Erzieherinnen, nicht nur frauenspezifische Fähigkeiten zu vermitteln, sondern insbesondere die Vielfalt der Möglichkeiten im naturwissenschaftlichen Bereich, in Handwerk und Sport vorzuleben, erhöht die emanzipatorische Chance für Mädchen, zu selbstbewussten Persönlichkeiten heranwachsen zu können. Ebenso wird für Jungen deutlich, wie wesentlich für ihre ganzheitliche Entwicklung ein geplantes Vorgehen bei allen Vorhaben ist und welche Vorteile es ihnen bringt, sich mit hauswirtschaftlichen und pflegerischen Tätigkeiten zu beschäftigen. Erzieherinnen üben somit entscheidende Einflüsse auf das Selbstvertrauen aller Kinder aus und leben in der Arbeit mit ihnen vorurteilsfrei und inklusiv ein Miteinander aller Menschen vor. Die Bildungschancen erhöhen sich dadurch sehr und tragen dazu bei, dass sich tradierte Rollen- und Feindbilder langsam verändern. Dies ist volkswirtschaftlich ein großer Gewinn und eine Bereicherung, da bei gleichen Chancen der Geschlechter eine Weiterentwicklung gesellschaftlicher Lebensbedingungen und Sozialstrukturen die Welt gerechter werden lässt. Vor diesem Hintergrund sind Erzieherinnen kraftvolle Vorbilder für Mädchen und Jungen

und stärken mit ihrer Zugewandtheit die Resilienzkräfte der ihnen anvertrauten Kinder für eine lebenswerte Zukunft.
Gabriele Ulrich ist tätig beim Kommunalverband für Jugend und Soziales in Baden-Württemberg (KVJS).

Sibylle Münnich: In Kitas erleben Mädchen durch die Vielfalt der Erzieherinnen eine Vielfalt an Modellen. Als kraftvoll werden sie Erzieherinnen erleben, die sie stärkend unterstützen. Wichtig finde ich hier, eine professionelle und zuverlässige Beziehung aufzubauen, sich für Mädchen und ihre Lebenssituationen, deren Bedürfnisse zu interessieren, individuelle Stärken zu benennen und sie so anzuerkennen, wie sie sind. Als kraftvolles Modell erleben Mädchen meiner Ansicht nach Erzieherinnen, die authentische Handlungsweisen immer wieder aus Überzeugung und mit Begeisterung vorleben, individuelle Unterstützungsimpulse geben und Lösungsschritte transparent machen, damit Mädchen zuversichtlich und selbst-bewusst in ihrer Lebenswelt agieren können.
Sibylle Münnich ist Fachtrainerin für soziale Kompetenz, Coach, Autorin und Herausgeberin der Fachzeitschrift „Klein & groß", Cornelsen München.

Parthena Tsentidou: Ein kraftvolles Modell für Mädchen zu sein, bedeutet für mich, den Blick auf neue Wege zu richten – weg von Rollenklischees und Zuschreibungen. Es geht auch darum, Grenzen zu setzen und die der anderen zu respektieren. Ein wichtiger Anker der pädagogischen Arbeit ist, Kindern mit Offenheit, Wertschätzung, Respekt und Akzeptanz zu begegnen.
Parthena Tsentidou ist Erziehungswissenschaftlerin und Praxisberaterin für Kindertageseinrichtungen.

Patrizia Haucke: Kinder lernen am leichtesten durch Modelle. Für Mädchen wünsche ich mir Erzieherinnen, die sich kongruent verhalten. Das heißt, dass sie in Mimik, Gestik und Haltung Klarheit in der Zuwendung ausstrahlen, damit sie berechenbar sind. Und es muss klar sein, wer wann Entscheidungen trifft. Ist es der Erwachsene ohne Diskussion oder darf diskutiert werden oder darf das Kind die Entscheidung treffen?
Patrizia Haucke ist Coach, Therapeutin und Buchautorin.

Irmtraud Tarr: Erzieherinnen sind kraftvolle Modelle, wenn sie das vorleben, was sie vermitteln. Sie sollten sich mit Mädchen solidarisch zeigen und sie spüren lassen, dass sie nicht allein sind. Wichtig ist auch: zusammen lachen und Blödsinn machen. Gerade im Lachen kann es zu wortlosen Begegnungen kommen, wenn man mitunter gemeinsam im Regen steht.
Prof. Dr. Irmtraud Tarr ist Konzertorganistin, Psychotherapeutin und Autorin.

Magdalena Hein: Erzieherinnen sind kraftvolle Modelle, wenn sie die üblichen rollenspezifischen Klischees nicht bedienen. Zum Beispiel sollten sie keine Angst vor Spinnen zeigen, sondern sagen: „Ach, das ist doch die Elfriede. Die hat sich verlaufen. Komm, wir nehmen ein Blatt und setzen sie raus." Erzieherinnen sollten Mädchen und auch Jungs ermuntern, Tätigkeiten auszuüben, die üblicherweise dem anderen Geschlecht zugeschrieben werden.
Magdalena Hein ist staatlich anerkannte Erzieherin und Fachwirtin für Organisation und Führung.

Isabella Wenglein: Wenn Erzieherinnen einen authentischen Umgang mit Mädchen und auch Jungen pflegen, sind sie kraftvolle Modelle. Sie sollten Mädchen gegenüber Jungen nicht bevorzugt behandeln, ihnen aber auch nicht mehr abverlangen, sondern sie gemäß ihres Entwicklungsstandes fördern. Sie sind kraftvoll, wenn sie einfühlsam, achtsam, aber auch zupackend tätig sind, wenn es ihrem Naturell entspricht.
Isabella Wenglein ist staatlich anerkannte Erzieherin.

Katja Fehrenbach: Ich erweitere die Frage: Wann sind Mütter kraftvolle Modelle für ihre Mädchen, und lasse hier den Blick zurück schweifen … Warum war meine Mutter ein kraftvolles Modell für mich? Ich komme zu folgendem Schluss: Wenn Erzieherinnen und Mütter in sich gefestigt sind, um Strukturen und Orientierung vorzugeben, und trotzdem den nötigen Freiraum zur individuellen Entwicklung lassen, sind sie kraftvolle Modelle. Wenn sie unabhängig sind, im Leben stehen und alle Aufgaben, die das Leben bereithält, mutig anpacken. Dabei ist nicht entscheidend, ob die Aufgaben immer zu 100 % richtig oder gut gelöst wurden, sondern die Tatsache, dass sie angegangen wurden. Wichtig ist auch, dass über den eigenen Tellerrand hinausgeschaut wird, und dass man auch die Befindlichkeiten des Umfelds wahrnimmt.
Katja Fehrenbach ist staatlich anerkannte Erzieherin und Mutter.

Angela Rudolf-Maile: Für mich ist ein kraftvolles Modell einer Erzieherin, wenn sie in ihrem Verhalten klar ist, wenn sie klar erkennt und spürt, wann es sinnvoll ist, auf die Bedürfnisse eines einzelnen Kindes einzugehen, und wann die Gruppe im Vordergrund steht und Anpassung gefragt ist.

Rosina Maile *(13 Jahre)*: Ich finde Erzieherinnen kraftvoll, wenn sie Kindern verständlich erklären, warum sie möchten, was das Kind tun soll. Nicht nur sagen, tu dieses oder jenes.
Angela Rudolf-Maile ist Stimmpädagogin und Sängerin. Rosina Maile ist ihre Tochter.

Silke Wiest: Erzieherinnen sind kraftvolle Modelle für Mädchen, wenn sie zeigen, dass sie einen Fußball ins Tor schießen und auch bei schlechtem Wetter ins Freibad gehen.
Silke Wiest ist Chefredakteurin der Zeitschrift TPS (Theorie und Praxis der Sozialpädagogik).

Cornelia Wollmann: Erzieherinnen und Lehrerinnen sind kraftvolle Modelle, wenn sie handwerkliche Tätigkeiten ausführen, Unterschiede zwischen Männern und Frauen nicht negieren, offen über Gefühle sprechen, sich gegen den Schönheitswahn stellen, Individualität zulassen, authentisch, fröhlich und friedlich sind, Väter als gleichberechtigte Erziehungspartner wahrnehmen und behandeln.
Cornelia Wollmann ist Grund- und Hauptschullehrerin.

Der Abdruck der 12 Antworten erfolgte nach Genehmigung durch alle genannten Interview-Partnerinnen. Wir danken für die freundliche Genehmigung.

Literaturverzeichnis

Albrecht, G. & Fries, S. (2016): Achtsamkeit im Job. Zufriedener und entspannter mit MBSR. Freiburg: Herder.

Ball, P. (2007): 10.000 Träume: Traumsymbole und ihre Bedeutung von A–Z. München: Goldmann.

Bardugo, L. (2018): Wonder Woman. Kriegerin der Amazonen. München: dtv.

Bischoff, C. (2018): 55 Geheimnisse. Wie du alle anderen überflügelst. München: Ariston.

Bollmann, S. (2015): Frauen, die denken, sind gefährlich. Berlin: Insel Verlag, S. 10, 16.

Chopra, D. (2016): Mit dem Herzen führen. Management und Spiritualität. Burgrain: KOHA- Verlag.

Duve, K. (2005): Die entführte Prinzessin. Berlin: Galiani.

Focks, P. (2016): Starke Mädchen, starke Jungs. Genderbewusste Pädagogik in der Kita. Freiburg: Herder.

Fuchs, C. & Schmidt, R.R. (2008): Kraftquellen. Persönliche Ressourcen für gute und schlechte Tage. Stuttgart: Klett- Cotta.

Glumm, C. (2012): Signale der Seele verstehen. Wesel: Kawohl, S. 33.

Goldstein, C. (2016): Selbstvertrauen. Stark im Alltag. Stuttgart: TRIAS.

Groth, S. (2018): Die Heldinnenreise. Wege zu den weiblichen Kraftquellen. München: Kösel.

Grün, A. (2016): Das Buch der Rituale. Jeden Tag erfüllter leben. Freiburg: Herder.

Grün, A. (2017): 365 Tagesimpulse. Freiburg: Herder.

Hasselmann, V. & Schmolke, F. (2010): Archetypen der Seele. Eine Anleitung zur Erkundung der Seelenmatrix. München: Goldmann.

Holitzka, M. & Holitzka, K. (2010/2016): E.V.A. Projekt. Entdecke und spiele mit deinen einmalig vielen Anteilen. Uhlstädt-Kirchhasel: Arun-Verlag.

Kast, V. (2016): Der Schatten in uns. Die subversive Lebenskraft. Ostfildern: Patmos.

Kiechle, S. (2018): Sich entscheiden. Würzburg: Echter Verlag.

Kluitmann, K. (2014): Wachsen- über mich hinaus. Würzburg: Echter Verlag.

Korz, J. (2018): Selbstsicher und souverän im Business. Die Macht des Selbstbewusstseins. Freiburg: Haufe.

Lee, M. (2019): Kick-Ass Women. 52 wahre Heldinnen. Berlin: Suhrkamp Verlag.

Lemper-Pychlau, M. (2018): Jeder Job kann glücklich machen. Hol Dir die Freude an der Arbeit zurück. Heidelberg: Springer S. IX.

Mannhard, A. (2013): Meine eigene logopädische Praxis. Tipps und Gespräche zu Existenzgründung und Praxisführung. Stuttgart: Thieme.

Mannhard, A. (2018a): Der Lebensspur folgen. Biografiearbeit für Erzieherinnen und Erzieher. Freiburg: Herder.

Mannhard, A. (2018b): Personalführung in der Kita. Berlin: Cornelsen.

Mannhard, A. (2018c): Was wir von MOMO lernen können *oder* Zeit ist Leben. In Praxishandbuch-Elementarpädagogik – Ausgabe 8, 12/2008, Kapitel 12. Kulmbach: MGO-Fachverlage.

Mannhard, Anja (2019a): Führen im Sandwich. Berlin: Cornelsen.

Mannhard, A. (2019b): Weiblich führen in der Kita. Berlin: Cornelsen, S. 97–99.

Mannhard, A. (2019c): Ich bin mir wichtig. Die 8 Schlüssel einer glücklichen Erzieherin. Berlin: Cornelsen.

Mannhard, A. (2019d): Das Kita-Team. Informationen und Praxistipps rund um Teamentwicklung, Teamführung und Teamgesundheit. Aachen: Ökotopia.

Mannhard, A. (2019e): Weiblich führen. Führungspersönlichkeit entwickeln. In klein & groß, Heft 5, Seite 52–55. München: Cornelsen.

Mannhard, A. (2019f): Ein Problem ist (k)ein Problem? Vom unproduktiven Grübeln zum lösungsorientierten Handeln. In: ZHB KiTa/ Kindheit &Vielfalt. Regensburg: Walhalla, S. 3.

Mannhard, A. (2019g): Das Unternehmen „Ich" mit Resilienz führen. In Welt des Kindes, Heft 6, Freiburg: Lambertus.

Mannhard, A. (2019h): Pädagogische Teams emotional intelligent führen. Mit Schlüsselqualifikationen zum gemeinsamen Erfolg. In ZHB KiTa/Kindheit & Vielfalt. Regensburg: Walhalla.

Mannhard, A. (2020a): Von einer gelingenden Anerkennungskultur, in: Welt des Kindes. Freiburg: Lambertus.

Mannhard, A. (2020b): Rückenwind zulassen. Von Motivationskillern und Motivationsquellen. In: klein & groß, Ausgabe 7/2020. München: Cornelsen, S. 52–55.

Mannhard, A. (2020c): Mentales Selbstmanagement. Aachen: Bergmoser & Höller.

Mannhard, A. (Hrsg.) (2020d): Verhandeln in der Kita. Berlin: Cornelsen.
Mannhard, A. (2020e): Die eigene Willensstärke trainieren. In: kindergarten heute, Ausgabe 1/2020. Freiburg: Herder, S. 28-29.
Mannschatz, M. (2011): Meditation. Mehr Klarheit und innere Ruhe. München: Gräfe und Unzer.
Medele, B. (2016): Leben statt kleben! Freyung: Lichtland.
Nouwen, H. (2012): Die dreifache Spur. Orientierung für ein spirituelles Leben. Freiburg: Herder.
Nuppeney, B. (2018): Prinzessin Lillifee und der verlorene Stern. Münster: Coppenrath.
Parker, K. T. (2018): Wilde Mädchen. Am schönsten sind wir, wenn wir niemandem gefallen wollen. München: mvg Verlag, S. 27.
Partanen, A. (2019): Greta. Ein Mädchen verändert die Welt. München: riva Verlag.
Pignitter, M. (2019): Honigperlen. Warum dein Leben süßer ist, als du denkst. München: Gräfe und Unzer.
Plehwe, K. (2011): Female Leadership. Die Macht der Frauen. Von den Erfolgreichsten der Welt lernen. Hamburg: Hanseatic Lighthouse.
Radecki, M. (2019): Veränderungen am Arbeitsplatz meistern. Wie Sie sich fit machen für Change. Haufe: Freiburg.
Rinpoche, D.T. (2015): Der kleine buddhistische Lebensberater. Von A wie Ärger bis Z wie Zufriedenheit. München: kailash.
Schaffer, U. (2013): Handbuch der Mutigen. Freiburg: Kreuz.
Schmidt, K. (2017): Spurwechsel. Die neue Lust am Älterwerden. München: Gräfe Unzer, S. 48–54.
Schütze, T. (2017): Werde die Frau deines Lebens. Gelassen. Selbstbewusst. Glücklich. Frankfurt: Fischer.
Schweighöfer, K. (2015): 100 Jahre Leben. Welche Werte wirklich zählen. Hamburg: Hoffmann und Campe.
Spannbauer, C. (2018): Der Stimme des Herzens vertrauen. Erfüllt und achtsam leben. Freiburg: Herder.
Stadtfeld, P. (2018): Nur Mut, alles wird gut. Eschbach: Verlag am Eschbach.
Tarr, I. (2003): Interview mit Irmtraud Tarr, in: Mannhard, Anja (2019a): Führen im Sandwich. Berlin: Cornelsen, S. 113–114.
Tarr, I. (2019): Vom Zauber der Freundschaft. Beziehungen besser verstehen und leben. Gütersloh: Gütersloher Verlagshaus.
Treier, M. & Uhle, T. (2016): Einmaleins des betrieblichen Gesundheitsmanagements. Eine Kurzreise in acht Etappen zur gesunden Organisation. Wiesbaden: Springer Fachmedien, S. 33.
Vopel, K.W. (2015): Die Kraft des Willens. Ein Trainingsprogramm für Selbstkontrolle und Aufmerksamkeit. Salzhausen: iskopress.
Wagner, A. & Wewer, I. (2011): Die kleine Räuberlilli. Stuttgart/Wien: Planet Girl Verlag.
Waldmüller, B. (2019): Führen – sich und andere. Aufmerksam, frei, entscheiden. Würzburg: Echter Verlag.

Textnachweis

S. 18, Auszug aus dem Roman „Jane Eyre“: Brontë, C. (2008): Jane Eyre. Die Waise von Lowood. Eine Autobiographie. Aus dem Englischen von Marie von Borch. Berlin: Aufbau Media. © VG Wort.
S. 19/20, Auszüge aus dem Buch „Female Leadership“: Plehwe, K. (2011): Female Leadership. Die Macht der Frauen. Von den Erfolgreichsten der Welt lernen. Hamburg: Hanseatic Lighthouse. Übersetzungen von Kerstin Plehwe. © VG Wort.
S. 47/48, Auszüge aus dem Buch „55 Geheimnisse“: Bischoff, Ch. (2018): Unbesiegbar. 55 Geheimnisse, wie Du alle anderen überflügelst. München: Ariston. © VG Wort.
S. 50/51, Liste von Leiden: Berthoud, E. & Bünger, T., Elderkin, S. (2013): Die Romantherapie. 253 Bücher für ein besseres Leben. Aus dem Englischen von Katja Bendels und Kirsten Riesselmann. Berlin: Insel. © VG Wort.
S. 52/53, Persönlichkeitsanteile: Holitzka, M. (2010): Das E.V.A.-Projekt. Ein Veränderungsspiel mit Archetypen, Rollen, Facetten, Dimensionen und Perspektiven. Uhlstädt-Kirchhasel: Arun. © VG Wort.
S. 77/78, Dreifache Spur spirituellen Lebens: Nouwen, H. J. M. (2012): Die dreifache Spur. Orientierung für ein spirituelles Leben. Mit einem Vorwort von Pierre Stutz. Aus dem Amerikanischen von Annette Nau. Freiburg: Herder. © VG Wort.
S. 87/88, Honigperlen-Reise: Pignitter, M. (2019): Honigperlen. Warum dein Leben süßer ist, als du denkst. München: Gräfe und Unzer. © VG Wort.

Der Abdruck der Texte im Interview „Eine Frage – 12 Antworten“ auf S. 100–102 erfolgte nach Genehmigung durch alle genannten Interview-Partnerinnen. Wir danken für die freundliche Genehmigung.